Hong Rag Yun

Jesus Christ

영문 복음서 특강

영문 복음서 특강

Jesus Christ

초판 1쇄 인쇄 2011년 12월 20일
초판 1쇄 발행 2011년 12월 25일

지은이 | 윤홍락
펴낸이 | 손형국
펴낸곳 | (주)에세이퍼블리싱
출판등록 | 2004. 12. 1(제2011-77호)
주소 | 서울시 금천구 가산동 371-28 우림라이온스밸리 C동 101호
홈페이지 | www.book.co.kr
전화번호 | (02)2026-5777
팩스 | (02)2026-5747

ISBN 978-89-6023-725-4 03230

영문 복음서 특강

Jesus Christ

Lawyer Hong Rag Yun

윤홍락 저

머리말

본 교재는 **사대복음서**에 수록된 예수의 일생을 토대로 하여 예수의 행적을 탐구하면서, 중요 사항에 대해서는 영어 성경을 공부하는 방식으로 기술되어 있다. **예수의 일생 탐구와 영어 습득**이라는 두 가지 목표에 도달해 보려는 시도로 제작되었다.

필자는 미국 텍사스 휴스턴 로스쿨에서 영미법을 수학할 당시 한인 교회에 다니면서 처음 성경을 접하게 되었다. 구약과 신약이 한 권의 성경책으로 엮어져 있다는 것도 처음 알았을 정도로 당시 필자는 성경에 문외한이었다. 귀국하여 대학에서 우연한 기회에 영미법을 가르치게 되면서 학생들에게 좋은 영어 교재를 소개하고 싶은 생각이 들었다. 필자는 고민 끝에 "누구나 어렴풋이나마 알고 있을 예수의 일생을 영어로 공부하면 효과적인 영어공부가 될 것이다."라는 결론에 이르게 되어 목표 의식을 갖고 복음서 관련 서적을 읽기 시작했다. 이런 구상 속에서 필자가 추천하는 기본적인 복음서 관련 서적은 다음과 같다.

1. 『성경공부 합시다』 (길벗, 남우현)

2. 『예수를 만나러 유럽에 간다』 (스타북스, 신동운)

3. 『성서 이야기 3, 4, 5,』 (한길사, 이누카이 미치코 지음, 이원두 옮김)

4. 『성서 이야기』(가람기획, 아토다 다카시 지음, 김향 옮김)

5. 『예수의 역사적 초상』 (영림카디널, 폴 버호벤 지음, 송설희 옮김)

6. 『신이 된 예수』 (창해, 프레데릭 르누아르 지음, 강만원 옮김)

7. 『예수는 신화다』 (미지북스, 티모시 프리크, 피터 갠디 지음, 승영조 옮김)

8. 『요한복음 강해』 (통나무, 도올 김용옥)

필자는 문외한인 독자들의 사고력을 단계적으로 높여 흥미를 끌 수 있도록 다음 독서 방법을 제시해 본다.

1. **신약성경의 4대 복음서 읽기** : 예수의 탄생에서부터 시작하여 예수의 말씀과 표적, 예수의 사망과 부활 등 예수의 일대기를 개괄적으로 살펴본다.

* 『성경공부 합시다』 - 관련 지도가 상세하게 소개되어 있어 예수 사건을 복음서에 소개된 대로 시간적, 공간적으로 가장 보편적이고 체계적으로 이해하기 좋은 교재이다.

2. **역사적인 인물로서의 예수 탐구** : 예수를 역사상 존재가 확실한 인물로 설정하고, 인간의 이성으로 믿기 힘든 복음서에서 소개하고 있는 표적 등을 당시 시대 상황에 맞추어 실제 일어난 사건으로 새롭게 해석한다.

* 『예수의 역사적 초상』 - 예수는 신이 아닌 역사적인 인물이라는 가정 하에 쓰인 책이다. 위의 『성경공부 합시다』로 전통적인 견해에 따라 예수의 일생에 대한 토대를 잡은 뒤, 신이라는 시각을 배제하고 역사적 인물로서의 예수라는 또 다른 시각의 이 책을 읽어보면 아주 흥미로울 것이다.

3. **신화로서의 예수** : 예수는 단지 이집트 등 주변 이교도 신화의 변형에 불과한 신화적 가치체계에일 뿐이므로, 예수가 실제 태어나서 죽고 부활했다고 믿는 것은 어리석은 짓이라고 주장한다.

* 『예수는 신화다』 - 예수는 실존 인물일 리가 없다. 이교도들의 신인들과 예수 이야기의 유사성을 탐구한 서적이다.

4. **영어로 요한복음 공부하기** : 우선 요한복음을 영어로 공부한 후 마가복음으로 보충하고, 마가복음서에 생략된 사건을 누가와 마태복음서로 보충하는 형식으로 영문 복음서를 정리해 나가면, 가장 이상적으로 영문 복음서를 정복해 나가는 방식이 될 것이다.

* 『요한복음 강해』 - 요한복음이 역사에 등장하게 된 그리스 철학적 배경에 대해 요한복음 도입 부분인 제1장 '말씀'의 해석과 관련해 자세하게 소개되어 있다.

5. **예수 관련 영화 보기** : 예수 당시의 팔레스타인 시대적 배경에 대한 이해와 원어민 발음을 익혀보자.

* '요한복음', '벤허', '쿼바디스' - 이 영화들을 구해 반복해서 본다. 영화 '요한복음'은 요한복음서 원문에 충실한 작품이고, 복음서를 공부한 후 다시 보는 고전 명화 '벤허'와 '쿼바디스'는 새로운 감동으로 다가올 것이다.

본 교재 외에 예수 사후 제자들, 특히 베드로와 사도 바울의 행적을 담은 **사도행전**과 예수 이전 이스라엘 역사인 **구약**에 관해서도 관심 분야를 발췌하여, 스스로 본 교재와 같은 영문 교재를 만들어 보는 수고를 아끼지 않으면 더욱 알찬 영어 학습이 될 것이다. 매주 성당이나 교회에 나가 신부님 혹은 목사님이 하는 설교 내용을 주일

오후에 영어 성경으로 만들어나가는 것도 힘들이지 않고 꾸준히 영어를 학습하는 좋은 방법일 것이다.

영어성경에 대한 **원어민 발음**은 얼마든지 인터넷에서 무료로 찾을 수 있다. 그러므로 공 CD를 준비해 해당 부분을 녹음한 후 반복해서 듣는다면 원어민 발음도 무난히 익히게 될 것이다.

예수의 일생을 다룬 사대복음서는 집필 시기도 서로 다른 데다, 각 회당에서 전도 목적으로 단편적으로 수집된 자료들의 모음이기 때문에, 서로 간에 시기적, 공간적으로 모순점이 많이 발견된다. 이런 모순점을 최소화하기 위해서는 **요한복음, 마가복음, 누가복음, 마태복음**의 순서대로 읽어볼 것을 추천한다.

태초부터 존재한 말씀의 강림으로 시작하는 웅장한 스케일의 **요한복음 제1장**을 말씀 사상의 역사적, 철학적 배경 속에서 음미해 보면, 그 웅대한 서사시에 가슴이 뭉클해짐을 느낄 수 있을 것이다.

예수는 세례요한을 만나면서 공생애를 시작하는데, 세례요한의 제자였던 안드레와 사도 요한 등 5제자를 제자로 삼고, 갈릴리 가나에서 물로 포도주를 만드는 제1기적을 행한 후, 공생애

제1유월절에 예루살렘에 가서 성전청결 사건을 일으키면서 전국적인 인물로 부상하게 된다.

죽은 나사로를 살리는 일곱 번째의 표적 후 예수는 반대파인 사두개파와 바리새파로부터 집중적인 공격을 받게 된다. **다락방 강화**(요한복음 제14-16장)와 **대제사장의 기도**(요한복음 제17장)는 예수의 사상이 집약되어 있는 요한복음의 백미이다. 요한복음에서 예수는 체포와 십자가에서의 사망도 당당하게 맞이하고 있다.

요한복음에서 생략된 **예수 탄생과 어린 시절**(누가복음 제1, 2장, 마태복음 제1, 2장), **갈릴리에서의 제1, 2차 사역** 등은 공관복음서를 참조하여 살펴보자. 마태복음 제5-7장에 수록된 **산상수훈**은 구약의 십계명을 재조명한 신약 예수 사상의 핵심이다.

영어 성경은 여러 버전(version) 중에서 현재 영어 공부를 하기에 가장 무난한 **NIV**를 참조했다. 자! 이제 우리는 예수의 일생과 영어의 두 가지를 목적지로 하여 영문 복음서 여행을 떠나보자.

Good Luck!

2011년 하반기에

중원법무법인 대표 변호사실에서

Lawyer HR Yun

CONTETS

1) 예수의 탄생에 대한 4대 복음서의 입장은 어떠한가요?

되어 이 지구상에 강림했다고 하는, 신적 존재로서의 말씀인 예수를 설정하며 이야기를 시작한다. 즉 공관복음에서는 천국사상의 전파자로서의 예수가 등장하고 활약하나, 요한복음에서는 성부, 성자, 성령의 삼위일체로서 인류를 구원하기 위해 하늘에서 내려온 하나님이신 예수 자신이 주인공으로 역할하고 있다. 요한복음에서부터 이제 예수는 신성을 부여받게 된다. 59

Q2 세례요한과의 만남 67

1. [2]30세의 청년이 되어 홀연히 역사에 등장하는 예수는 세례요한과의 만남으로 그의 공생애를 시작한다. 세례요한은 예수보다 역사상 존재가 확실시되는 인물로서, 누가는 세례요한과 예수를 인척관계로 엮음으로써 존재가 불확실한 예수의 역사상 존재를 부인하지 못하도록 하는 기법으로 그의 복음서를 집필하고 있다.

2. [3]세례요한은 강물에 한 번 들어갔다 나옴으로써 죄의 사함을 받는다는 혁명적인 발상인 세례를 주장함으로써 당시 율법에 얽매여 신음하던 군중을 매료시킨다.

2) 복음서에 소개되어 있지 않은 예수의 유년시절과 청년시절에 대한 논의에 대해 설명하시오.
3) 예수는 세례요한으로부터 세례를 받았는가에 대한 4대 복음서의 입장을 설명하시오.

최초의 복음서 저자인 **마가**는 직접적으로 예수가 요단강가로 와서 세례요한으로부터 세례를 받았다고 기술하고 있다. 73

마가를 참조한 마태와 누가는 세례요한과 예수의 관계 정립에 고심했다.

마태는 세례요한이 "제가 당신에게 세례를 받아야 하는데 어찌 제게 오셨습니까?" 하고 반문하고, 예수는 "지금은 그렇게 하는 것이 옳다."라고 허락하는 방식으로 세례 문제를 해결하고 있다. 74

누가는 '세례요한이 헤롯 안티파스에게 투옥당한 후 세례를 받으셨다.'고 당시 세례 상황을 수동태로 기술하여, 예수가 세례요한으로부터 직접적으로 세례받은 문제를 회피하고 있다. 75

요한은 예수가 세례요한으로부터 세례받은 사실을 전격적으로 생략하고, 세례요한에게 말씀으로 이 세상에 강림한 예수께서 하나님의 아들임을 증거하는 선구자의 역할을 맡기고 있다. 75

3. 그렇다면 세례요한은 누구이며, 복음서에서는 어떻게 소개되고 있는 인물인가?

누가복음에 따르면 세례요한은 제사장인 아버지 스가랴와 제사장 가문 출신인 어머니 엘리사벳으로부터 유대의 한 지방에서 태어났다. 예수가 처녀인 마리아에게서 성령을 받아 신비하게 태어난 것과 마찬가지로, 엘리사벳도 나이가 많아 임신할 수 없음에도 불구하고 천사의 계시에 따라 하나님의 뜻으로 세례요한을 임신하게 된다. 68

한편 당시 로마의 지배하에 있는 팔레스타인에는 많은 거짓 예언자가 나타나 민중을 호도하고 있었다. 대제사장 계열의 사두개파는 로마에 협력해 그 세력을 유지하고 있었고, 민중의 호응을 받던 바리새인들은 율법의 형식주의에 빠져, 사소한 율법의 규정이라도 어기면 하나님의 진노를 받는다는 식으로 민중을 옭아매고 있었다. 이런 역사적인 지평 속에서 신음하던 민중은 1,000년 전 이스라엘의 전성시대를 열었던 다윗 왕의 영화를 그리게 되었고, 이제 다윗 왕과 같은 민족적 영웅이 나타나 이스라엘 민족을 구원해 주리라고 기원하고 있었다.

이런 와중에 세례요한이 예언자의 복장으로 홀연히 나타나 "회개하라, 천국이 가까이 왔다."라고 외치며 요단강가에서 죄의 사함을 받는 세례를 준 것이다. 일상생활 속에서 잡다한 율법 규정을 어기게 되어 심리적, 신체적으로 힘들어하던 민중에게 요단강가에서 한 번 물에 들어갔다 나오면 그동안의 모든 죄에서 벗어난다고 하는 세례요한의 세례 의식은 혁신적이고 단번에 민중의 호응을 얻을 수 있는 매력이 있었다. 76

세례요한의 인기가 절정에 이르자 민중은 세례요한이 그들이 그토록 기원하던 그리스도인가? 하는 의문을 가졌다. 심지어 지배 계층에서도 세례요한이 세례를 주던 요단강가에 사절단을 파견해 세례요한의 정체에 대해 질문하는 상황까지 되었다. 요한은 주저하지 않고, "나는 그리스도가 아니요, 나는 내 뒤에 오시는 분의 신발 끈도 풀 자격이 없는 사람이요."라고 외친다. 마침내 예수께서 세례요한에게 세례를 받으러 요단강가에 오게 되고, 세례요한은 예수가 하나님의 아들이요, 민중이 기다리던 그리스도라고 증언한다. **81**

4. 하지만 이는 예수 그리스도교 입장에서 예수를 주인공으로 기술한 복음서의 견해이고, 역사상 진실은 예수가 세례요한의 제자였으며, 추후 몇 명의 제자들을 데리고 독립했다는 쪽에 무게를 두고 있다. 처음 예수는 세례요한의 입장에 전적으로 동조해 세례요한의 문하에 들어가면서, 거기서 같은 갈릴리 출신의 베드로, 요한 등과 어울리게 된다. **84**

예수 일행은 세례가 모든 죄를 사할 것이라는 세례요한의 사상에 동조한 결과, 예루살렘 성전에서 거행하는 사두개파 대제사장들의 제사의식은 이제 아무런 쓸모가 없어졌기 때문에 정화되어야만 한다는 소명의식을 가지게 되었다. 각지에서 예루살렘 성전으로 사람들이 모이는 유월절에 예수 일행은 성전으로 가서 성전 정화를 단행하게 된다. **85**

5. 성전 정화를 단행한 예수 일행은 요단강 지역으로 다시 왔으나, 그 사이 세례요한 일행은 이미 요단강 하류 원래 세례를 주던 지역을 떠나 요단강 상류 애논 쪽으로 이동했고, 예수는 세례요한과는 별도로 요단강 하류에서 세례를 받기 위해 밀려드는 민중에게 세례를 주게 된다. 예수는 성전 정화로 인해 이제 세례요한보다 더 민중의 인기를 끌게 되고 예수가 독자적으로 세례까지 주는 이 같은 상황이 오자, 예수와 세례요한의 제자들은 서로 반목하는 사건이 일어나게 되고, 그러면서 예수는 세례요한 측과 충돌을 피하기 위해 제자들을 데리고 고향인 갈릴리로 돌아가게 된다. 87

6. 한편 헤롯 안티파스가 이복형제 빌립의 아내인 헤로디아와 결혼한 사건을 세례요한이 비난하자 헤롯 안티파스는 세례요한을 감옥에 가둔다. 수감된 세례요한은 감옥으로 자신을 면회 온 제자들을 예수께 보내 예수의 정체에 대해 밝히라고 다그친다. 세례요한을 투옥시킨 헤롯 안티파스는 고관대작이 모인 연회 자리에서 춤을 춘 이복 딸 살로메의 청에 따라 세례요한의 목을 잘라 쟁반에 담아 준다. 93

7. 세례요한의 투옥을 전후해 예수는 유대광야로 들어가 40일간 악마의 시험을 받지만 극복한 후, 고향인 갈릴리로 돌아가 세례요한의 무시무시한 종말 사상을 극복하고, 예수 고유의 사랑의 실천인 '천국이 가까이 왔다. 회개하라.'는 천국사상을 전파하게 된다. 97

8. 세례요한과 예수는 '금식'에 있어서 서로 입장을 달리했다. 101

Q3 말씀 103

1. [4]율법학자, 바리새인을 비판함. 104

2. 예수가 바라보는 하나님 상과 천국관 110

[5]예수가 바라보는 하나님은 '사랑의 하나님'으로서, 이는 구약의 '응징하는 엄격한 전능의 하나님'을 '사랑'으로 재해석한 혁명적인 발상이었다. 신약에 대한 구약의 존재 필요성에 대해서는 종교 신학자들 사이에서 많은 논의가 있어왔다. 신약으로 대체되었기 때문에 이제 구약은 폐기되어야 한다는 견해, 구약은 예수의 도래를 증거하는 데에 불과한 신약의 보조적 차원이라는 견해, 구약의 아버지와 같은 엄격한 전능의 하나님과 신약의 어머니 품과 같은 사랑의 하나님은 우리의 부모인 아버지와 어머니 같은 역할을 나누어서 하는 소중한 하나님의 두 가지 모습이라는 견해 등이 있다.

3. 심판 기준 115

4) 예수는 독실한 유대인이면서도 혁명가였다. 이 점에 대해 설명하시오.
5) 신약과 구약의 관계에 대해 설명하시오.

[6]예수는 어떤 기준으로 우리가 심판받을 것인지에 대해 아주 구체적으로 복음서에서 소개하고 있다. 예수께서 '산상수훈'에서 말씀하셨듯이 표적을 믿고 예수가 하나님의 아들이라는 사실을 믿는 것만으로는 부족하다. 복음서에 의하면 사탄도 예수의 정체에 대해 알았고 예수가 행하신 표적에 대해 믿었기 때문이다. 예수가 행한 바대로 우리도 '사랑의 실천'을 행해야 하는 것이다. 구체적으로 사랑의 실천은 어떻게 하는 것인가?

예수 : '주위의 가장 비천한 자에게 행한 선행이 곧 나에게 행한 것이다.'

4. 인간은 선, 악을 선택할 수 있는 자기 결정권이 있다. (씨 뿌리는 자) 119

5. 비유의 말씀 122

예수는 비유의 말씀으로 자신의 사상을 전파해 나갔다. 이해 못하는 제자들에게는 다시 친절한 해석까지 해주었다. 하지만 잘난 체하고 거들먹거리는 바리새인들, 율법학자들은 예수의 진리를 끝까지 외면했다.

선한 목자 123

6) 예수는 구체적으로 사랑의 실천을 어떻게 하라고 설교했는가요?

6. 그리스도의 대헌장 : 산상수훈 1, 2, 3 147

[7]'산상수훈'은 예수께서 12제자를 확정한 후 산 위에서 제자들에게 행한 교훈이다. [8]구약 모세의 율법(십계명)을 예수께서 바라보시는 관점에서 재해석한 것으로 그리스도의 대헌장이라고 할 것이다. 하늘나라의 8복(마음이 가난한 자, 슬퍼하는 자, 온유한 자, 의에 주리고 목마른 자, 자비로운 자, 마음이 깨끗한 자, 평화를 이루는 자, 의를 위해 핍박받는 자)을 받는 자는 이 땅의 소금이며 빛이다. 예수는 율법을 완전하게 하기 위해서 왔다(살인하지 말라, 간음하지 말라, 맹세를 지켜라, 이웃을 사랑하고 원수를 미워하라는 율법을 완전하게 다시 재구성했다).

---

7) '산상수훈' 에 대해 설명하시오.

8) '율법' 은 폐기되어야 하는가에 대한 논쟁을 설명하시오.

7. 다락방 강화 1, 2, 3과 대제사장의 기도 178

[9]마태복음에 '산상수훈'이 있다면, 예수는 요한복음에서 요 14-16장의 '다락방 강화'와 요 17장의 '대제사장의 기도'를 행하시면서 '사랑의 실천'이라는 예수 사상을 집약하고 있다. 예수는 최후의 만찬 자리에서 세족식을 거행하신 후, 이제 세상을 떠나게 되는 순간임을 직감하고 제자들을 위해 그들에게 '다락방 강화'를 행하셨고, 하나님께 '대제사장으로서의 기도'를 올리신 것이다.

9) '다락방 강화와 대제사장의 기도' 의 의미에 대해 설명하시오.

8. 요한복음과 마가복음 상의 말씀 정리 202

Q4 표적 225

[10]예수께서는 보통 인물이 아니셨는데, 가장 대표적인 것이 예수께서 행하신 표적이었다. 예수께서는 본인 자신이 죽음으로부터 부활하신 것은 물론 복음서에서는 예수께서 죽은 자를 살리는 3가지 표적을 소개하고 있다. 한편 복음서는 예수의 표적에 대해 전부 소개한 것이 아니라, 예수께서 하나님의 아들이라는 것을 나타내기에 충분한 정도만 표적을 소개하고 있다.

[11]**요한복음에서는 예수께서 행하신 대표적인 7가지의 표적**에 대해서만 전반부에 다 소개하면서 복음을 전개하는 형식을 취하고 있다.

1. 가나의 혼인잔치 225

10) 예수 표적의 의미와 유형에 대해 설명하시오.
11) 요한복음 상의 7가지 표적에 대해 설명하시오.

2. 관리의 아들을 살림 230

3. 베데스다 연못의 38년 된 병자를 고침 232

4. 오병이어의 표적 238

5. 물 위를 걸음 243

6. 소경 244

7. 죽은 나사로를 살림 254

1. 죽은 자를 살림

(나인 성 과부 아들 265, 회당장의 죽은 딸 267, 나사로를 살림 254)

2. 퇴마 행위

(악령 들린 한 남자 269, 엑소시즘 270, 레기온)

3. 병을 고침

(관리의 아들 230, 38년 된 병자를 고침 232, 나병, 중풍환자 272, 소경 244, 혈루병 여인 267)

4. 이적 행위

(물로 포도주 225, 4천 명 먹임, 오병이어 238, 물 위를 걸음 243, 폭풍을 잔잔하게 함 275)

Q5 예수를 만난 사람들 277

복음서를 보면 예수는 여러 사람들을 만나면서 자신의 사상을 설파하고 있다. 예수를 만난 사람들을 살펴봄으로써 예수의 정체와 사상에 대해 알아보자.

1. 니고데모 278

바리새인이며 산헤드린 공의회 의원인 니고데모는 성전을 뒤엎은 예수의 행동에 감복 받아 밤에 몰래 예수를 찾아와 생명의 거듭남에 대한 가르침을 받는다. 니고데모는 요한복음에만 등장하는데, 본 장 이외에 후에 예수를 공식적으로 변론하기도 하고 예수의 시체를 정성스럽게 단장해 장사지내 주면서 3번 요한복음에 나타난다.

2. 사마리아 여인 284

요한복음에 의하면 예수는 성전 정화 후 8개월간 예루살렘에서 지낸 후, 바리새파와의 갈등을 피하기 위해 유대 지역을 떠나 갈릴리로 가기로 결심한다. 예수는 통상적인 루트가 아닌, 서로 교류가 없던 사마리아 지역을 통과해 갈릴리로 가기로 결심하는데, 이는 그리스도라는 예수의 정체를 사마리아 여인을 통해 밝히고자 하는 예수의 의도가 담겨 있는 것이다.

3. 간음한 여인 289

'죄 없는 자가 이 여인에게 먼저 돌을 던져라.'라는 유명한 예수의 말씀이 담겨 있는 일화이다.

4. 예수께서 칭찬한 복음서 인물들 292

예수는 놀랍게도 이방인 여인을 '개'라고 불렀다. 하지만 이방인 여인에게는 예수의 도움이 절실한 죽어가는 어린 딸을 살리려는 불굴의 모정이 있었다. 예수의 모욕에도 굴하지 않고 이방인 여인은 '개라도 주인의 부스러기를 먹습니다.'라고 예수께 계속적으로 자비를 요청한다. 예수는 말을 잘하며 논쟁에서 당시 지배 계층인 사두개파, 바리새인들, 율법학자들에게 진 적이 없음에도 불구하고, 복음서 상 유일하게 이방인 여인의 논리에 자신의 주장을 철회하고 이방인 여인의 간절한 요청을 들어주신다. 우리는 이 에피소드에서 어떤 교훈을 얻어야 하는가? 예수께서 칭찬하신 복음서 인물들을 살펴봄으로써 예수 사상에 접근해 가보자.

십자가상의 한 강도 302

5. 12사도 304

요한복음에 의하면 예수는 요단강가에서 예수가 사랑하는 제자인 사도 요한과 베드로의 동생인 안드레를 만나게 된다. 이들은 세례요한의 제자들이었는데, 세례요한으로부터 예수가 '하나님의 어린 양'이라는 이야기를 듣고 예수를 따라간다. 예수와 하룻밤을 지내면서 예수로부터 감명을 받은 안드레는 예수께 형인 베드로를 소개한다. 계속해서 예수는 갈릴리 벳새다 출신인 빌립, 나다나엘을 만나 제자 삼는다.

공관복음에 의하면, 예수는 갈릴리 가버나움에서 고기를 잡던 베드로와 안드레 형제에게 '사람 낚는 어부'가 되라고 하며 제자를 삼고, 그 주위에 있던 야고보와 사도 요한도 제자를 삼으면서 본격적인 갈릴리 사역을 행하게 된다. 304

이런 모순을 어떻게 해결할 것인가? 처음 예수는 유대 요단강가에서 세례요한의 제자였던 베드로 형제를 만나 제자로 삼지만, 세례요한이 체포되는 어수선한 상황에서 예수는 유대 광야로 들어가고, 제자들은 원래 거주하던 갈릴리 가버나움으로 돌아가 생업인 어업에 종사하게 된다. 광야에서 예수는 사탄의 유혹에 넘어가지 않으면서 세례요한의 사상을 극복하고 천국 사상을 완성한다. "회개하라, 하나님의 나라가 가까웠다."로 번역되는 예수의 갈릴리 사역의 첫 일성은 "회심, 즉 마음을 바꾸어 행동하면 하나님이 네 마음속에 깃들게 된다."라고 해석된다. 예수는 가버나움 호숫가에서 고기를 잡던 베드로 형제를 다시 만나게 되는데, 이들에게 배 한가득 고기를 낚는 기적을 행하신 후 이제는 사람 낚는 어부가 되라며 전업 제자가 될 것을 요청하고, 이들은 예수의 제안을 받아들인다.

베드로는 당시 결혼해서 장모도 함께 살고 있었는데, 예수가 열병이 난 베드로 장모의 병을 고쳐주자 예수의 정체에 대해 반신반의하던 베드로의 가족들도 이제 본격적으로 예수를 따라 사역에 나서는 베드로를 이해하게 된다. **228**

베드로는 예수께서 물 위를 걷는 기적을 행할 때 예수께 요청해 자신도 물 위를 걷지만, 예수의 능력을 의심하게 되어 물에 빠지는 일화를 남기고 있다. **305**

또한 베드로는 어떤 상황에서라도 예수를 배반하지 않겠다고 다짐하지만 예수의 예견대로 예수를 3번 부인한다. **307**

시몬은 예수로부터 베드로란 이름을 부여받고 반석(베드로) 위에 교회를 세우리라는 말씀과 함께 천국의 열쇠를 받는 사건을 계기로 로마 바티칸 교황의 시조가 된다. **309**

가족을 등지고 예수를 따라 사역하던 베드로는 예수께서 자신의 죽음을 예고하자 예수께 항의한다. 베드로는 '예수께서 왕이 되어야 자신도 그동안의 고생을 보상받을 수 있는데, 이제 와서 허무하게 죽음을 맞이한다니 그게 무슨 무책임한 발언이란 말인가?'라고 생각하고 예수께 따진 것이다. "그럴 수는 없습니다, 스승님!" 예수는 이런 베드로를 나무란다. "너는 하나님의 일은 생각하지 않고 인간의 일만 앞세우는구나!" **311**

베드로는 사도 요한 형제와 함께 예수께서 가장 신임한 사도이다. 예수의 변용 때, 겟세마네기도 때, 죽은 야이로의 딸을 살릴 때에 예수는 이들 3명의 사도만을 데리고 갔다. 베드로는 예수 무덤을 사도 요한과 함께 가보기도 하고, 예수 부활 후 예수로부터 3번에 걸쳐 "너는 나를 사랑하느냐?"라는 질문을 받은 후 사역의 권한을 위임받기도 한다. 베드로는 예수가 승천한 후 예수의 형제 야고보와 사도 바울과 함께 예수 그리스도교의 기반을 다지는 데에 결정적인 역할을 하는데, 이에 대한 소개는 사도행전 전반부에 수록되어 있다.

사도 요한 형제는 예수로부터 '우뢰의 아들'이라는 호칭을 받으며 사랑받았다. 예수가 사마리아를 거쳐 유대 지방으로 이동할 때 사마리아인들이 예수를 영접하지 않자 이들이 예수께 "하늘에서 우뢰를 내리게 해 이들을 벌하소서." 하고 요청한 사건이 있다. 사도 요한은 요한복음의 저자로서 요한복음에서 기술된 예수가 사랑하는 제자라고 주장되지만, 사도 요한은 요한복음의 저자가 아니라는 견해도 만만찮다. **313**

세리 마태는 마태복음의 저자라고도 하나, 유대인 세리인 마태가 마태복음의 아름다운 문구를 작성할 만한 지식의 소유자라는 사실은 믿을 수 없다는 견해도 있다. 세리는 당시 로마에 복역한 반역자로서 일반 민중으로부터 손가락질 당하는 직업이었다. 예수는 마태를 보고서 "나를 따르라."며 제자 삼는다. 마태는 감격하여 집에서 예수 일행을 위해 성대한 잔치를 열고 세리와 죄인, 병자 등을 초대해 같이 음식을 먹는다. 이를 본 바리새인들은 예수를 비난하나, 예수는 "의사가 필요한 것은 병자이다. 나는 죄인을 부르러 왔지 의인을 부르러 온 것이 아니다."라며 자신의 행동을 정당화한다. **314**

도마는 예수 부활 후 "직접 보고 예수의 몸을 만져보지 않고서는 믿을 수 없다."고 하여, 예수로부터 "보지 않고도 믿는 자들은 복이 있다."라는 이야기를 들은 사건으로 인해 '의심 많은 도마'라는 호칭으로 잘 알려져 있다. 하지만 예수가 죽은 나사로를 살리러 다시 유대 중심부로 들어갈 때 예수와 같이 죽으러 가자고 하여 의리 있는 자로서도 그려지고 있다. **315**

예수께서 임명한 12**사도 317**

[12]12사도 중 가장 논란의 중심에 서는 인물은 아마도 배신자 **가룟 유다**일 것이다. 유다는 다른 제자들과는 다르게 갈릴리 가버나움이나 벳세

12) 과연 유다는 예수를 배반한 것인가에 대한 논쟁을 설명하시오.

다 출신이 아니다. 가룟이 지명이고 유다는 가룟 출신이라는 견해가 있다. 아무튼 유다는 제자들 중 가장 지식이 많고 총명해서 재정을 담당했다. 유다는 로마에 무력으로 대항하자는 혁명당원의 일원이었는데 예수의 제자로 들어오게 되었다. 하지만 예수의 사상은 정치적인 혁명이 아닌 정신적인 혁명이었다. 유다는 이런 예수에게 서서히 실망감을 느끼게 된다. 복음서에 의하면 유다는 예수를 은화 30냥에 유대 지도자들에게 팔아넘기는데, 예수가 처형당하는 것을 보고서는 목매달아 죽었다고 기술되어 있다. 예수는 최후의 만찬석상에서 유다를 배반자로 지명한 후 "예언을 이루기 위해서는 어쩔 수 없는 사건이지만 유다는 태어나지 아니한 것이 더 나을 뻔했다."라고 안타까워했다. **318**

외경인 유다복음에서는 유다가 배반자가 아닌, 예수의 육신을 벗게 해준 하나님의 사명을 완수한 자로서 그려지고 있다. 유다는 과연 예수를 배반한 것인가? [13]유다는 예수를 배반하지 않았다. 예수가 누군가에 배신을 당해 예상치 못한 죽음을 당한 후, 실망한 유다는 예수의 제자들과 헤어지게 된다. 예수가 죽은 후 사도들로서는 누군가 예수를 배반했다는 사실과 12사도 중 하나인 유다가 자신들을 떠났다는 사실에 당황했다. 이에 그들은 유다가 예수를 배신하고 자살했다고 소문을 내었고, 이것이 오늘날까지 전해지게 되어 유다는 배신자라는 억울한 누명을 쓰고 있는 것이라는 주장도 있다.

---

13) 예수의 역사적 초상』, 275쪽부터

Q6 죽음과 부활 321

1. 예수는 지상에서의 모든 사역을 마치고 최후의 순간을 준비한다. 죽은 나사로를 살린 후 반대파로부터의 살해 위협을 피해 광야로 피신한 예수는 최후의 순간을 예루살렘에서 맞고자 결심하고 다시 예루살렘으로 입성하는 도중, 예루살렘 근처 마을 베다니에 있는 나사로의 집에 머물며 **마리아로부터 향유**를 받는다. 322

2. 예수는 제자 2명을 시켜 나귀를 가져오도록 한 후, 나귀를 타고 **예루살렘에 입성**하고, 민중은 예수를 왕으로서 환영한다. 예수는 이런 민중의 왕으로서의 환영을 이제는 기꺼이 받아들인다. 324

3. [14]공관복음에 의하면 예수는 이 시점에서 **예루살렘 성전을 정화**한다. 반대파에서는 "어떤 권위로 성전을 정화하는 것이냐?"라는 질문을 하고, 예수는 "세례요한의 권위가 하늘에서 온 것이냐? 사람에게서 온 것이냐? 너희들이 대답하면 나도 대답하겠다."라고 되물어 이들의 말문을 막는다. 요한복음에서는 예수가 사역 초기에 세례요한으로부터 사상적 영향을 받고 있을 당시 예루살렘 성전을 정화했다고 소개하고 있다. 이에 대해 2번의 성전 정화가 있었다는 견해도 있다. 하지만 공관복음에서는 예수가 예루살렘을 단 한 번 방문한 것으로 설정해 이 부분에 소개할

14) 성전 정화 사건을 설명하시오.

수밖에 없었으나, 요한복음에서는 예수가 3-4번 예루살렘을 방문한 것으로 설정되어 있기 때문에 정확하게 성전을 정화한 시기를 특정할 수 있었다는 견해로 볼 때는 요한복음의 성전 정화 소개 시점에 더 무게를 두고 있다. 326

4. 한편, 바리새파 등은 예수를 옭아매기 위해 예수와 **세금 논쟁, 부활 논쟁, 가장 큰 계명 논쟁**을 벌이지만 이들이 예수의 논리를 이길 수는 없었다.

세금 논쟁 330

부활 논쟁 331

가장 큰 계명 333

5. 예수는 제자들에게 **성전 멸망을 예언**하고, **마지막 징조**와 인자가 올 때의 **심판 기준**에 대해 설교했다. 실제 예루살렘 성전은 AD 70년 로마의 바투스 장군에 의해 철저하게 유린당해 붕괴되고 만다.

성전 멸망 예언 335

마지막 징조 335

6. [15]이제 지상에서의 모든 사역은 끝났다. 예수는 제자들과 **최후의**

---

15) '세족식' 과 '최후의 만찬' 에 대해 설명하시오.

만찬을 준비한다. 먼저 예수는 제자들의 발을 씻어 주는 **세족식**을 거행하고, "내가 너희들에게 모범을 보였으니 너희도 서로 사랑하라."라는 새로운 계명을 남긴다. 342

7. 만찬 도중 예수는 빵과 포도주로 **성만찬**을 거행하는데, 이는 추후 가톨릭미사 의식의 전형이 되었다. 예수는 "이날 이후로 나는 포도주로 빚은 것을 천국이 도래할 때까지 다시는 마시지 아니하겠다."고 선언하고, 가룟 유다에게 배반을 재촉한다. 352

8. [16]최후의 만찬을 마친 후 예수는 이제 제자들을 위해 마지막 설교인 다락방 강화와 대제사장의 기도를 한다. 이제 만찬이 있었던 집을 나와 예수는 평소와 마찬가지로 **겟세마네** 동산으로 향한다. 베드로와 안드레, 사도 요한만을 데리고 겟세마네 동산 깊숙이 들어간 예수는 이들을 일정한 장소에 머물게 하고 혼자서 더 깊숙이 들어가 3번 기도하지만, 제자들은 졸음을 이기지 못하고 잠에 빠지고 만다. 353

9. 마침내 가룟 유다가 병사들을 데리고 예수를 잡으러 왔다. 가룟 유다는 예수가 평소에 겟세마네 동산에서 기도한다는 사실을 알고 있었다. 예수와의 입맞춤으로 예수를 은화 30냥에 팔아넘긴 것이다. **체포 과정**에서 예수 일행과 병사들 사이에 칼싸움이

16) 겟세마네 동산 사건에 대해 설명하시오.

있었다. 요한복음에 의하면 베드로는 말코의 오른쪽 귀를 자른다. 누가복음에 의하면 예수는 잘린 귀를 다시 붙여준다. **355**

10. [17]복음서에서는 예수만 잡히고 제자들은 모두 도망갔다고 기술하고 있으나, 로마 병사까지 동원된 당시 상황에서 포위된 제자들이 도망가는 것은 물리적으로 불가능했을 것이다. 마가복음에서 한 젊은이가 홑이불을 뒤집어쓴 채 멀리 있었지만 도망갔다고 기술되어 있는 것에 비추어 볼 때 마가라고 추정되는 이 젊은이만 도망가고, 당시 예수와 같이 있던 모든 제자들은 체포되었다고 하는 것이 당시 상황에 맞을 것이라는 견해가 있다. 예수 사후 베드로를 비롯한 사도들의 활약과 순교에 비추어 보면, 당시 예수와 같이 체포되었던 제자들은 12사도가 아닌 다른 제자들이었을 것이며, 이들은 예수와 같이 모두 십자가형으로 처형되었을 것이라는 견해가 있다. **357**

11. [18]체포된 예수는 대제사장의 관저로 끌려간다. 요한복음에 의하면 전 대제사장이며 가야바의 장인인 안나스의 관저로 끌려갔다고 하고, 공관복음에 의하면 당시 대제사장인 가야바의 관저로 끌려갔다고 기술되어 있다. **대제사장의 심문**에 예수가 침묵으로 일관하자, 대제사장은 마침내 "네가 그리스도냐?"라고 질문하고,

17) 12사도는 체포된 것인가요?
18) 대제사장의 심문에 대해 설명하시오.

예수는 "네가 말했다. 너희는 인자가 구름을 타고 천사와 같이 내려오는 것을 볼 것이다."라고 대답한다. 이에 대제사장은 자신의 윗옷을 찢으며 "더 이상 무슨 증거가 필요하냐? 신성모독이다."라며 예수에게 사형을 선고한다. **357**

12. [19]사형의 확인과 집행은 로마 총독의 권한이었다. 이들은 예수를 **로마 총독 빌라도**에게로 끌고 간다. 복음서에서는 빌라도가 예수를 구명하기 위해 노력했다고 기술하면서 빌라도를 우호적인 인물로 그리고 있지만, 실제 빌라도는 잔악무도한 인물이었다. 복음서 집필 당시 시대적 배경 때문에 로마 당국을 자극시키지 않기 위해 빌라도를 우호적으로 그리고 있는 것이다. 복음서에 의하면 빌라도는 처음부터 예수가 죄가 없다는 것을 알았다. 단순히 매질이나 하고 풀어주려 했다. 이때 [20]대제사장들이 예수에게 뒤집어씌운 죄명은 '납세 거부, 폭동 조장, 왕 지칭'이었다. 하지만 예수는 납세 거부를 한 사실이 없고 예수가 주장한 왕국은 이 세상이 아니기 때문에 예수의 죄명은 성립되지 않는 것이다. **360**

13. [21]예수가 갈릴리 사람이라는 사실을 알게 된 빌라도는 당시 유월절 명절을 지내기 위해 예루살렘에 머물던 **헤롯 안티파스**에게 예수를 보낸다. 헤롯 안티파스는 세례요한을 처형한 인물이다.

---

19) 로마 총독 빌라도의 심문에 대해 설명하시오.
20) 대제사장들이 예수에게 뒤집어씌운 죄명은 무엇인가요?
21) 빌라도가 헤롯 안티파스에게 예수를 넘긴 이유는 무엇인가요?

자신이 처형한 세례요한이 다시 살아왔다고 하면서 예수를 두려워했던 헤롯은 예수에게 기적을 행해 보라고 다그쳤지만 예수는 아무 말도 하지 않았다. 예수를 조롱한 후 헤롯은 다시 빌라도에게 예수를 인계했다. 전에 서로 재판 관할권을 가지고 싸우던 이들은 예수로 인해 그날부터 친구가 되었다고 복음서는 기술하고 있다. **361**

14. [22]빌라도는 다시 예수를 유월절 특사로 놓아주려고 했으나, 민중은 예수보다 강도 **바라바**를 놓아달라고 한다. 반대파는 "우리의 왕은 로마 황제뿐이다. 예수는 왕이라고 주장했기 때문에 로마 황제에게 반역하는 것이다. 총독이 예수를 처형하지 않으면 반란에 동조하는 것이다. 예수를 십자가형에 처하라. 그렇지 않으면 로마 황제에게 이 사실을 알리겠다."라며 빌라도를 압박하고, 마침내 빌라도는 이에 굴복해 예수를 십자가형에 처하라고 내어준다. **363**

15. [23]예수는 자신의 십자가를 짊어지고 **골고다 언덕**으로 향한다. 최후의 만찬으로부터 겟세마네 동산의 기도, 체포, 심문 과정을 거치면서 조금도 쉬지 못한 예수는 너무나 심신이 지쳐 이제 더 이상 걸을 수도 없는 지경에 이르렀다. **구레네 사람 시몬**이 지나가다가 로마 병사에게 붙들려 예수의 십자가를 대신 지고

---

22) 빌라도가 결정적으로 예수를 십자가형에 처하라고 넘겨준 이유는 무엇인가요?

23) '구레네 사람 시몬' 에 대해 설명하시오.

가는 상황이 발생한다. 하나님인 예수가 치욕스런 십자가형에 처해졌다는 사실을 믿을 수 없는 추종자들의 입장에서는 예수 대신 구레네 사람 시몬이 십자가형에 처해졌다는 이론을 전개하는데, 이런 억지 주장의 여지를 아예 없애기 위해 요한복음에서는 구레네 사람 시몬의 이야기가 삭제되었다는 주장도 있다. 365

16. 십자가 위에서 예수는 만감이 교차한다. 예수는 "과연 나의 사역이 옳았는가? 나는 죽은 후 부활하는가? 나는 하나님의 아들이 맞는가? 하나님이여, 왜 나를 버리시나이까?"라는 의문에서 시작해 마침내 모든 의문을 극복하고 "이제 모든 것을 이루었도다."라고 하며 장엄한 죽음을 맞이한다. 공관복음서에 의하면 예수가 사망하자 무덤에서 죽은 자들이 살아 나오고, 성전의 장막이 좌우로 갈라지고, 지진이 일어나는 기적이 발생한다. 368

17. [24]공의회 의원인 **아리마대 사람 요셉**은 빌라도에게 가서 예수의 시신을 달라고 요청하고, 빌라도는 내어준다. **요한복음**에 의하면, **니고데모**가 유대 장례절차에 필요한 세마포 등을 가지고 와서 요셉과 함께 예수의 장례를 치른다. 371

24) 예수의 장례에 대해 설명하시오.

18. [25]토요일은 안식일이라 제자들은 집에서 쉬고, **일요일 새벽** 막달라 마리아 등의 여인들은 예수의 시신에 향료를 바르기 위해 예수의 시신이 있는 동굴을 찾았다. 동굴에 도착하자 돌 입구가 열려 있고 예수의 시신이 없어졌다. [26]**부활한 예수**는 통상적인 사람들과는 달랐는데, 예수는 닫힌 문을 그대로 통과해 제자들에게 나타난다. **의심 많은 도마**에게는 예수의 몸에 난 상처를 만져보라고 하면서 "나를 보지 않고도 믿는 자들은 복을 받을지어다."라고 한다. 예수의 제자들은 예루살렘에서 다시 **갈릴리로 돌아와 호숫가**에서 고기를 잡고 있었는데, 예수가 갑자기 나타나 153마리의 물고기를 잡게 하고 제자들과 물고기를 구워 먹기도 한다. 예수는 **베드로**에게 3번 "나를 사랑하느냐?"라고 묻고 **사역의 권한을 양도**한다. 373

19. [27]예수께서 행한 기적과 복음을 한 권의 책으로 다 기술할 수는 없을 것이다. 복음서는 예수가 하나님의 아들임을 드러내는 데에 충분한 정도만 기술한 것이다. [28]요한복음에는 요한복음의 **집필 목적**이 "예수를 그리스도로 믿고 그 믿음으로 말미암아 영생을 얻게 함이라."라고 분명히 적시되어 있다. 383

---

25) 예수의 부활 사건에 대해 설명하시오.
26) '천국사상' 과 '부활사상' 에 대해 설명하시오.
27) '문자주의' 와 '영지주의' 논쟁에 대해 설명하시오.
28) 요한복음의 집필 목적은 무엇인가요?

Q7 맺는 말 385

1. 예수 사상의 핵심 : 386

가. 피곤하고 힘들 때는 나에게 와서 안식을 취하라.

나. 나로 인해 원기를 얻었으면 이제 주위의 어려운 사람을 위해 '사랑의 실천'을 하라.

다. 나는 길이요 진리이고 생명이다 : 나를 통하지 않고서는 어느 누구도 아버지에게로 올 수 없다. 나의 이름으로 기도하라.

라. 하나님, 예수, 나의 일체 사상 : 천국은 네 마음속에 있다. (플라톤의 이데아론과 예수의 회심 사상)

(실례) 사랑의 실천 : 이태석 신부 v 예수를 믿기만 하면 천당 간다고 속이며 교인을 등쳐먹는 목회자나 신도들.

2. 사랑의 실천 : 하나님 사랑, 이웃 사랑 388

3. 율법의 더 중요한 요소 : 정의, 자비, 믿음 389

4. 서로 사랑하라 : '친구'라 부르겠다. 390

5. 천국에 들어갈 자 : 하나님의 뜻을 행하는 자, 8복 391

6. **영생을 얻는 완전한 방법** : 계명을 지키라, 가진 것을 다 팔아 가난한 사람에게 나누어 주라. 그런 후에 나를 따르라 **393**

Q1.

예수의 탄생 및 어린 시절

Q1.

예수의 탄생 및 어린 시절

[29]**God sent the angel Gabriel to Nazareth, a town in Galilee, to a virgin pledged to be married to a man named Joseph, a descendant of David.**

하나님은 천사 가브리엘을 갈릴리 도시 나사렛으로 보내셨다.
다윗의 후손인 요셉과 약혼한 처녀에게

▸▸ God sent the angel Gabriel 주, 동, 목, 3형식
to Nazareth, a town in Galilee,
to a virgin (who was) pledged to be married 서약하다
to a man named Joseph,
a descendant of David. 동격

The virgin's name was Mary. The angel went to her and said, "Greetings, you who are highly favored! The Lord is with you."

---

29) 눅 1:26-38 예수의 잉태 계시, 누가복음에서는 마리아가 계시 받는다.

그 처녀의 이름은 마리아였다.
천사 : "평안하라, 은혜를 받은 자여, 주께서 당신과 함께 있다."

▸▸ The virgin's name was Mary. 주, 동, 보, 2형식(Be동사는 '-이다')

The Lord is with you. 주, 동, 1형식(Be동사는 '존재하다')

Mary was greatly troubled at his words and wondered what kind of greeting this might be.

마리아는 그의 말에 아주 혼란스러웠고, 어떤 종류의 호의인지 의아했다.

But the angel said to her, "Do not be afraid, Mary, you have found favor with God. You will be with child and give birth to a son, and you are to give him the name Jesus.

천사 : "두려워 마라, 마리아여, 하나님이 호의를 베푸셔서 당신은 아이를 가져 아들을 낳을 것이니 그의 이름을 예수라 하라."

He will be great and will be called the Son of the Most High. The Lord God will give him the throne of his father David and he will reign over the house of Jacob forever; his kingdom will never end."

천사 : 그는 위대하고 하나님의 아들이라고 불릴 것이다. 주님인

하나님은 그에게 다윗왕의 왕관을 줄 것이고, 그는 야곱의 집을 영원히 다스릴 것이며, 그의 왕국은 영원할 것이다.

▸▸ throne 왕관, reign over 지배하다

▸▸ The Lord God

will give him 동, 목, 목, 4형식

the throne of his father David

"How will this be," Mary asked the angel, "since I am a virgin?"The angel answered, "The Holy Spirit will come upon you, and the power of the Most High will overshadow you.

마리아 : "어떻게 이런 일이," "제가 처녀인데?"
천사 : "성령이 당신에게 임할 것이다. 주님의 힘이 당신을 뒤덮을 것이다."

▸▸ overshadow 뒤덮다

So the holy one to be born will be called the Son of God. Even

Elizabeth your relative is going to have a child in her old age, and she who was said to be barren is in her sixth month. For nothing is impossible with God."

그리하여 하나님의 아들이라고 불리는 성스러운 분이 태어날 것이다.
[30]당신의 친척인 엘리사벳도 늙은 나이에 아이를 가졌으며,
아이를 낳지 못한다고 말을 들었던 그녀도 지금 임신 6개월이다.
하나님은 불가능한 것이 없기 때문이다.

"I am the Lord's servant," Mary answered. "May it be to me as you have said." Then the angel left her.

[31]마리아 : "저는 주님의 종입니다. 당신이 말씀한 대로 저에게 이루어지소서!" 그런 다음 천사는 그녀를 떠났다.

▸▸ "May it be to me 기원문
as you have said." -대로

[32]At that time Mary got ready and hurried to a town in the hill country of Judea, where she entered Zechariah's home and greeted Elizabeth.

---

30) 예수와 세례요한이 인척 관계라는 사실을 알려주는 복음서는 무엇인가요?
31) 예수 잉태를 알려준 천사에게 마리아는 결국 어떤 태도를 취했는가요?
32) 눅 1:39-56, 마리아가 친척인 엘리사벳을 방문한 일은 누가의 창작품이다.

[33]마리아는 유대의 언덕 지방에 있던 도시로 서둘러 떠났다. 스가랴의 집에 가서 엘리사벳과 인사했다.

Mary stayed with Elizabeth for about three months and then returned home.

마리아는 엘리사벳과 약 3개월을 함께한 후 집으로 돌아갔다.

[34]**In those days Caesar Augustus issued a decree that a census should be taken of the entire Roman world.**

그 당시 로마 황제는 인구조사가 전 로마 지역에서 시행된다는 칙령을 발표했다.

▸▸ decree 칙령, census 인구조사, governor 총독

▸▸ Caesar Augustus issued a decree 주, 동, 목, 3형식

that a census should be taken of the entire Roman world.

And everyone went to his own town to register. So Joseph also went up from the town of Nazareth in Galilee to Judea, to Bethlehem the town of David, because he belonged to the house

33) 마리아가 엘리사벳에게로 간 이유는 무엇인가요?
로마 병사 중 판데라 Pantheral가 마리아를 강간해서 예수가 잉태되었다는 주장이 제기되었다. 마태, 누가복음에서는 성령에 의한 임신을 주장하지만, 인간 예수를 주장하는 입장에서는 여성이 정자 없이 임신하는 것은 생물학적으로 불가능하고, 기적적인 임신은 마리아의 임신이 수치스럽다는 사실을 숨기기 위해 만들어졌다고 주장한다. 『예수의 역사적 초상』 pp. 58-65 참조.

34) 눅 2:1-20, 예수의 탄생

and line of David.

[35]모든 사람은 등록하기 위해 그의 고향으로 갔다. 갈릴리 나사렛으로부터 그는 다윗왕가에 속했기 때문에 다윗의 고향인 베들레헴으로 요셉도 또한 갔다.

▸▸ register 등록하다, line 가계, 족보

He went there to register with Mary, who was pledged to be married to him and was expecting a child. While they were there, the time came for the baby to be born, and she gave birth to her firstborn, a son.

그는 그와 결혼하기로 서약한, 아이를 임신한 마리아와 함께 갔고, 아들을 낳았다.

She wrapped him in cloths and placed him <u>in a manger</u>, because there was no room for them in the inn.

[36]그녀는 아이를 천에 싸서 여관에는 방이 없었기 때문에 <u>구유</u>에 놓았다.

▸▸ manger 메인저, 여물통, 구유 a long open box that horses and cows can

---

35) 예수 탄생 당시 모든 사람이 고향으로 가게 된 이유는 무엇인가요?
36) 구유(여물통)에 해당하는 영단어를 적으시오.

eat from

And there were shepherds living out in the fields nearby, keeping watch over their flocks at night.

근처 들판에 사는, 밤에 그들의 양떼를 돌보는 목자들이 있었다.

▸▸ shepherd 목자, flock (동물의) 떼

An angel of the Lord appeared to them, and the glory of the Lord shone around them, and they were terrified.

[37]주님의 천사가 그들에게 나타나 주님의 영광을 그들 주위에 나타내셨고, 그들은 두려웠다.

But the angel said to them, "Do not be afraid. I bring you good news of great joy that will be for all the people.

천사 : 두려워 마라, 모든 사람들을 위한 큰 기쁨의 좋은 소식을 너희에게 줄 것이다.

Today in the town of David a Savior has been born to you; he is Christ the Lord.

---

37) 주님의 천사가 그들에게 나타나 주님의 영광을 그들 주위에 나타내셨고, 그들은 두려웠다.

천사 : [38]오늘 다윗의 고을에서 너희를 위해 구세주가 태어나셨다. 그는 그리스도 주님이시다.

▸▸ Savior 구세주

This will be a sign to you: You will find a baby wrapped in cloths and lying in a manger."

너희에게 주는 표식이다. 너희는 구유에 누워 있는 천에 싸인 아이를 발견할 것이다.

▸▸ You will find a baby 3형식

(who was) wrapped in cloths

and lying in a manger."

When the angels had left them and gone into heaven, the shepherds said to one another, "Let's go to Bethlehem and see this thing that has happened, which the Lord has told us about."

목자들 : 베들레헴으로 갑시다. 주님이 우리에게 말해주신 일어난 이런 일들을 봅시다.

38) 다윗, 그리스도, 주님의 의미에 대해 설명하시오.

So they hurried off and found Mary and Joseph, and the baby, who was lying in the manger.

그래서 그들은 서둘러 가서, 마리아와 요셉을 발견했고, 구유에 누워 있는 아이도 발견했다.

When they had seen him, they spread the word concerning what had been told them about this child, and all who heard it were amazed at what the shepherds said to them.

그들이 아이를 보았을 때, 그들은 이 아이에 관하여 그들이 들은 것에 관하여 말을 퍼뜨렸고, 그 말을 들은 모든 사람은 놀랐다.

[39]This is how <u>the birth of Jesus Christ came about</u>:

예수 그리스도는 이렇게 태어나셨다.

His mother Mary was pledged to be married to Joseph, but before they came together, she was found to be with child <u>through the Holy Spirit</u>.

예수의 어머니인 마리아는 요셉과 약혼을 했는데, 두 사람이 결혼도 하

39) 마 1:18-25, 전통 유대의 가부장적 입장에서 기술된 마태복음에서는 요셉이 중요하게 등장한다.

기 전에 [40]성령에 의해서 마리아가 임신하게 된 사실이 밝혀졌다.

Because Joseph her husband was a righteous man and did not want to expose her to public disgrace, he had in mind to divorce her quietly.

마리아의 남편 요셉은 의로운 사람이었다. 그는 마리아를 창피하게 만들고 싶지 않아서 조용히 파혼하려고 했다.

▸▸ expose 드러나다, divorce 이혼하다

But after he had considered this, an angel of the Lord appeared to him in a dream and said, "Joseph son of David, do not be afraid to take Mary home as your wife, because what is conceived in her is from the Holy Spirit.

[41]요셉이 이 일을 생각하고 있을 때, 꿈에 주의 천사가 나타났다.
천사 : "다윗의 자손 요셉아, 마리아를 아내로 삼는 것을 두려워하지 마라. 마리아가 아기를 가진 것은 성령께서 하신 일이다.

▸▸ conceive 임신하다

40) 가톨릭에서 수많은 비판에도 불구하고 '성령' 에 의한 임신 주장을 포기하지 않는 이유는 무엇인가요?

41) '요셉의 꿈' 에 천사가 나타나 아기 예수의 잉태를 알려준 복음서는?

She will give birth to a son, and you are to give him the name Jesus, because he will save his people from their sins."

마리아가 아들을 낳을 것인데, 이름을 예수라고 하여라. 그가 자기의 백성을 죄에서 구원해 낼 것이다."

When Joseph woke up, he did what the angel of the Lord had commanded him and took Mary home as his wife. But he had no union with her until she gave birth to a son. And he gave him the name Jesus.

요셉은 잠에서 깬 후, 주의 천사가 명령한 대로 했다. 요셉은 마리아와 결혼했다. 그러나 마리아가 아들을 낳을 때까지 요셉은 잠자리를 같이 하지 않았다. 그리고 아들을 낳자 이름을 예수라고 불렀다.

▸▸ command 명령하다, order

Magi from the east came to Jerusalem and asked, "Where is the one who has been born king of the Jews? We saw his star in the east and have come to worship him."

[42]동쪽 나라에서 몇 명의 박사들이 예루살렘으로 왔다.
동방박사들 : "유대인의 왕으로 태어나신 아기가 어디 계십니까?

---

42) 마 2:1-12
동방박사를 의미하는 영단어를 적으시오.

우리는 동쪽에서 그 아기의 별을 보고, 아기에게 경배하러 왔습니다."

When King Herod heard this he was disturbed, and all Jerusalem with him. When he had called together all the people's chief priests and teachers of the law, he asked them where the Christ was to be born.

헤롯왕은 이 소리를 듣고 깜짝 놀랐다. 예루살렘 사람들도 모두 놀랐다. 헤롯은 모든 대제사장들과 율법학자들을 불러 모으고, 그리스도가 어디에서 태어나실 것인지 물었다.

"In Bethlehem in Judea," they replied.

동방박사들 : "유대의 베들레헴이란 마을입니다.

Then Herod called the Magi secretly and found out from them the exact time the star had appeared.

그 소리를 듣고 헤롯은 박사들을 조용히 불렀다. 그리고 별이 처음 나타난 때를 알아냈다.

He sent them to Bethlehem and said, "Go and make a careful search for the child. As soon as you find him, report to me, so that I too may go and worship him."

헤롯 : "가서 아기를 잘 찾아보시오. 아기를 찾으면 나에게도 알려주시오. 그러면 나도 가서 그 아기에게 경배하겠소."

After they had heard the king, they went on their way, and the star they had seen in the east went ahead of them until it stopped over the place where the child was. When they saw the star, they were overjoyed.

박사들은 왕의 말을 듣고 출발했다. 그러자 동쪽 나라에서 보았던 바로 그 별이 박사들 앞에 나타나 그들을 안내해 주었다. 그러다가 아기가 있는 곳 위에서 멈추어 섰다. 박사들은 별을 보자, 매우 기뻤다.

On coming to the house, they saw the child with his mother Mary, and they bowed down and worshiped him. Then they opened their treasures and presented him with gifts of gold and of incense and of myrrh.

그들은 아기가 있는 집에 들어가서 어머니 마리아와 함께 있는 아기를 보았다. 그들은 아기에게 무릎을 꿇어 경배를 드리고 보물함을 열어 아기에게 [43]황금과 유향과 몰약을 예물로 드렸다.

And having been warned in a dream not to go back to Herod, they returned to their country by another route.

---

43) 동방박사의 3가지 선물은 무엇인가요?

그리고서 그들은 꿈에 "헤롯에게 돌아가지 마라" 하는 명령을 받고, 다른 길로 자기 나라에 돌아갔다.

When they had gone, an angel of the Lord appeared to Joseph in a dream. "Get up," he said, "take the child and his mother and escape to Egypt. Stay there until I tell you, for Herod is going to search for the child to kill him."

박사들이 떠난 뒤에 주의 천사가 요셉의 꿈에 나타나 말했다.
주의 천사 : "일어나라! 아기와 아기 엄마를 데리고 [44]이집트로 도망가거라. 헤롯이 아기를 죽이려고 하니, 내가 지시할 때까지 이집트에 머물러 있어라."

So he got up, took the child and his mother during the night and left for Egypt, where he stayed until the death of Herod.

그래서 요셉은 한밤중에 일어나 아기와 아기 엄마를 데리고 이집트로 떠났다. 요셉은 헤롯이 죽을 때까지 이집트에 있었다.

And so was fulfilled what the Lord had said through the prophet: "Out of Egypt I called my son."

이것은 주께서 예언자를 통해 하신 말씀을 이루신 것이다. "내가 나의

44) 마 2:13-18, 이집트 피신 이야기는 마태복음에만 나온다.

아들을 이집트에서 불러내었다."

When Herod realized that he had been outwitted by the Magi, he was furious, and he gave orders to kill all the boys in Bethlehem and its vicinity who were two years old and under, in accordance with the time he had learned from the Magi.

헤롯은 박사들에게 속은 것을 알고 매우 화가 났다. 그래서 사람을 보내어 베들레헴과 그 주변에 있는 [45]두 살 아래의 모든 사내아이들을 죽였다. 이것은 그가 박사들로부터 알아낸 때를 기준으로 한 것이다.

▸▸ furious 화가 난, vicinity 근처

After Herod died, an angel of the Lord appeared in a dream to Joseph in Egypt and said,

[46]헤롯이 죽자, 주의 천사가 이집트에 있는 요셉의 꿈속에 나타났다.

"Get up, take the child and his mother and go to the land of Israel, for those who were trying to take the child's life are dead."

45) 마 2:16, 두 살 아래 사내아이들 살해 사건은 마태복음에만 나온다.
46) 마 2:19-23, 나사렛으로 돌아옴.

주의 천사 : “일어나라! 아기와 아기 엄마를 데리고 이스라엘 땅으로 돌아가거라. 아기의 목숨을 노리던 사람들이 죽었다.”

So he got up, took the child and his mother and went to the land of Israel.

그래서 요셉은 아기와 아기 엄마를 데리고 이스라엘 땅으로 갔다.

But when he heard that Archelaus was reigning in Judea in place of his father Herod, he was afraid to go there.

그러나 아켈라오가 아버지 헤롯의 뒤를 이어 유대의 왕이 되었다는 소식을 듣고, 요셉은 그곳으로 가는 것을 두려워했다.

Having been warned in a dream, he withdrew to the district of Galilee, and he went and lived in a town called <u>Nazareth</u>.

꿈에서 지시를 받고 나서 요셉은 갈릴리 지방으로 갔다.
그는 나사렛이라는 마을로 가서, 거기서 살았다.

Every year his parents went to Jerusalem for <u>the Feast of the Passover.</u>

[47]유월절을 맞이하여 매년 부모는 예루살렘에 갔다.

When he was twelve years old, they went up to the Feast, according to the custom.

[48]12세 때, 관례에 따라 그들은 축제에 갔다.

After the Feast was over, while his parents were returning home, the boy Jesus stayed behind in Jerusalem, but they were unaware of it.

축제가 끝나고, 부모가 집으로 돌아오는 도중
어린 예수는 예루살렘에 남았지만 부모는 알지 못했다.

▸▸ unaware 인식하지 못한

Thinking he was in their company, they traveled on for a day.

예수가 일행에 있다고 생각하고 부모는 하루를 계속해 여행했다.

▸▸ company 일행

Then they began looking for him among their relatives

47) 유월절이란 '출애굽할 무렵에 하나님이 문설주에 양의 피를 바른 선민의 집 장자들을 죽이지 않고 구원하신 것을 기념하는 절기' 다.

48) 눅 2:41-52, 예수가 12세 때 있었던 일은 누가복음에만 수록되어 있다.

and friends. When they did not find him, they went back to Jerusalem to look for him.

친척과 친구 사이에서 예수를 찾기 시작했다. 찾을 수가 없자 그를 찾기 위해 예루살렘으로 되돌아갔다.

After three days they found him in the temple courts, sitting among the teachers, listening to them and asking them questions.

3일 후에 사원에서 예수를 발견했다.

Everyone who heard him was amazed at his understanding and his answers.

예수의 이야기를 들은 누구나 예수의 이해와 답변에 놀랐다.

When his parents saw him, they were astonished. His mother said to him, "Son, why have you treated us like this? Your father and I have been anxiously searching for you."

마리아 : 아들아, 너는 왜 우리를 이와 같이 취급하느냐? 너의 아버지와 내가 아주 걱정스럽게 너를 찾고 있었단다.

"Why were you searching for me?" he asked. "Didn't you know

I had to be in my Father's house?"

예수 : 왜 나를 찾았나요? [49]나는 나의 아버지의 집에 있어야만 하는 것을 알지 못하나요?

But they did not understand what he was saying to them.

부모는 이해하지 못했다.

Then he went down to Nazareth with them and was obedient to them.

예수는 부모와 나사렛으로 가서 부모에게 복종했다.

▸▸ obedient 복종하는

But his mother treasured all these things in her heart. And Jesus grew in wisdom and stature, and in favor with God and men.

어머니는 그녀의 마음에 이 모든 일들을 소중히 간직했다. [50]예수는 자라면서 하나님과 사람들의 호의 속에 지혜와 키가 커졌다.

---

49) 예수는 하나님의 아들로서 이 말을 한 것인가요? 아니면 향후 사제가 될 것을 결심한 것인가요?

50) 예수는 청년 시절을 어떻게 보냈는가요? 복음서는 이 부분에 대해 침묵하고 있기 때문에 무역상인 외조부를 따라 영국, 인도, 일본까지 여행하면서 그곳의 수도승 등에게 가르침을 받았다는 견해, 목수인 요셉의 가업을 이어 목수로서 인근 도시의 재건 사업에 참여하면서 성공했다는 견해, 사생아라는 사실을 알고서는 집을 나와 엣세네파 등에서 종교적인 수양을 쌓았다는 견해 등이 있다. 『예수의 역사적 초상』 pp. 65-68 참조.

▸▸ stature 키

[51]**In the beginning was the Word, and the Word was with God, and the Word was God.**

[52]태초에 말씀이 있었고, 말씀은 하나님과 함께 있었고, 말씀이 하나님이었다.

▸▸ In the beginning 시간의 부사구

was 동사, the Word 주어, 1형식

and the Word(주어), was(완전자동사) 존재했다, with God(부사구) 1형식

and the Word(주어), was(불완전자동사), God(보어) 2형식

[53]**Through him all things were made ; without him nothing was made that has been made.**

---

51) 요 1:1, 예수는 신인가?

1. 예수는 신이다. 예수는 단지 인간의 모습을 지녔을 뿐 분명 신이며, 예수의 삶에서 일어난 일은 모두 환상으로 본다.
2. 예수는 인간으로 태어났다. 예수는 삶의 어느 시점(부활, 변형, 세례)에 신이 되었다.
3. 예수는 인간인 동시에 신이다. 예수는 잉태되는 순간부터 완전한 신이다. 예수의 성령에 의한 잉태가 주장된다.

예수가 신이라면, 성부와 성자 관계는 어떠한가?

1) 성부는 성자보다 상위 개념이다. 말씀은 창조된 피조물이며 신보다 열등한 개념이다. 말씀은 강생하면서 사라질 육신을 입었다. 예수가 화내는 모습과 성전에서 상인들을 거칠게 내쫓을 때의 모습에서는 심지어 폭력적인 모습마저 보게 된다.

2) 성부와 성자는 본질에서 동일하다. 예수는 성부에게서 태어난, 곧 성부와 같은 본질로 태어난 독생자이며, 우리의 구원을 위해서 세상에 내려왔으며, 육신을 입고 인간이 되었다.

52) 요한복음의 '말씀' 에 대해 설명하시오. 『요한복음 강해』 pp. 67-110 참조
말씀은 Logos 이성, 진리, 말씀의 배경(철학, 구약), 진리의 본질, 말씀과 신의 관계

53) 요 1:3

그를 통해 만물이 만들어졌고, 그 없이는 만들어진 것이 전혀 만들어지지 않은 것이다.

[54]**In him was life, and that life was the light of men.**

그 안에 생명이 있었고, 그 생명은 인간의 빛이었다.

▸▸ In him(부사구) was(동사) life(주어), 1형식

and that life(주어) was(동사) the light of men(보어). 2형식

[55]**The light shines in the darkness, but the darkness has not understood it.**

빛이 어둠 속에서 빛나지만 그 어둠은 빛을 깨닫지 못한다.

▸▸ The light(주어) shines(동사) in the darkness(부사구), 1형식

but the darkness(주어) has not understood(동사) it(목적어). 3형식

[56]**There came a man who was sent from God : his name was John.**

---

54) 요 1:4

55) 요 1:5
빛과 어둠의 이원론에 대해 설명하시오. 『요한복음 강해』 pp. 101-110 참조.
플라톤 사상(이데아론)과 예수 사상(하나님, 예수, 나의 일체성)에 대해 설명하시오. 『요한복음 강해』 pp. 89-94 참조

56) 요 1:6

하나님으로부터 보내진 한 남자가 있었고, 그의 이름은 요한이었다.

▸▸ There(유도부사구) came(동사) a man(주어) 1형식

who was sent from God :

his name was John. 2형식

[57]**He came as a witness to testify concerning that light, so that through him all men might believe.**

그는 그 빛에 관해 증언하기 위해 증언자로서 왔다. 그를 통해 모든 사람들이 믿을 수 있게!

▸▸ He came 주어, 동사, 1형식

as a witness to testify 그는 (증인으로서) 증언하기 위해 왔다.

concerning (about) that light, 그 빛에 관해

so that through him all men might believe.

그를 통해 모든 사람들이 믿게 하기 위해 (-하기 위해)

[58]**He himself was not the light ; he came only as a witness to the light.**

57) 요 1:7
58) 요 1:8

[59]그 자신은 그 빛이 아니다. 그는 단지 그 빛에 대한 증언자로서 왔다.

▸▸ He himself was not the light ; 주어, 동사, 보어, 2형식

he came only 주어, 동사, 1형식

as a witness 증인으로서

to the light.

[60]The true light that gives light to [61]every man was coming into the world.

각 모든 사람에게 빛을 주는 그 진실한 빛이 세상 속으로 왔다.

▸▸ The true light(주어)

that gives light to every man 모든 사람에게 빛을 주는(주어 수식절)

was coming(동사)

into the world(장소의 부사구). 1형식

[62]He was in the world, and though the world was made through him, the world did not recognize him.

그는 세상에 있었다. 세상이 그를 통해 만들어졌지만, 그 세상은 그를

---

59) 요한복음에서는 세례요한의 정체성에 대해 무엇이라고 정의하는가요?

60) 요 1:9

61) 구원은 각 개인별로 받고, 예수 그리스도만이 진실한 빛이다.

62) 요 1:10

인정하지 않았다.

▸▸ He was in the world, 그가 있었다. 1형식

and though the world was made through him, 비록 -이지만

the world(주어)

did not recognize(동사) him(목적어). 3형식

[63]He came to that which was his own, but his own did not receive him.

그는 그 자신의 것으로 왔으나, 그 자신의 것은 그를 받아들이지 않았다.

▸▸ He came

to that which (what) was his own,

but his own 주어

did not receive 동사

him. 목적어 3형식

[64]Yet to all who received him, to those who believed in his name, he gave the right to become children of God,

63) 요 1:11

64) 요 1:12

그럼에도 불구하고 그를 영접하는 모든 사람과 그의 이름을 믿는 자들에게 그는 하나님의 자녀가 되는 권세를 주었다.

[65]children born not of natural descent, nor of human decision or a husband's will, but born of God.

자녀는 자연적인 후손이나 인간의 결정, 혹은 남편의 의지로 태어나는 것이 아니라 하나님으로 말미암아 태어나는 것이다.

▸▸ not of natural descent, 자연적인 후손이 아니고

nor of human decision or a husband's will,

but born of God. 하나님에 의해 (not-but 용법)

[66]The word became flesh and made his dwelling among us. We have seen his glory, that glory of the One and Only, who came from the Father, full of grace and truth.

말씀이 육화되어 우리 사이에 그의 거주지를 만들었다. 우리는 은혜와 진리로 가득 찬 아버지로부터 온 유일하고 단 하나의 영광인 그의 영광을 보아왔다.

▸▸ The word became flesh 주어, 동사, 보어, 2형식

and made his dwelling among us. 동사, 목적어, 3형식

---

65) 요 1:13, 유대인들은 아브라함의 후손이니 자신들은 거룩하다고 생각하고 있었다.

66) 요 1:14

We have seen his glory, 3형식

that glory of the One and Only, 동격

who came from the Father,

full of grace and truth.

[67]From the fullness of his grace we have all received one blessing after another. [68]For the law was given through Moses; grace and truth came through Jesus Christ.

그의 은혜의 충만함으로부터 우리는 축복을 받고 또 받는다. 율법은 모세를 통해 왔지만, 은혜와 진리는 예수 그리스도를 통해 왔기 때문이다.

No one has ever seen God, but God the One and Only, who is at the Father' side, has made him known.

아무도 하나님을 본 자는 없다. 그러나 아버지의 측면에 있는 유일하고 단 하나인 하나님이 그를 알게 만들었다.

▸▸ No one has ever seen God, 현재분사의 경험적 용법

but God the One and Only, 주어

who is at the Father's side,

has made him known. 동사, 목적어, 목적보어, 5형식

---

67) 요 1:16

68) 율법을 위한 율법이 되어 버려 민중을 짓누르고 있던 율법의 타파가 예수의 가장 큰 사명이었다. 은혜와 진리는 예수가 설파한 사랑이다.

Q2.

세례요한과의 만남

Q2. 세례요한과의 만남

[69]**In the time of Herod king of Judea there was a priest named Zechariah, who belonged to the priestly division of Abijah; his wife Elizabeth was also a descendant of Aaron.**

[70]유대 헤롯 왕 시대에 아비야 사제 종파에 속하는 스가랴라고 하는 사제가 있었다. 그의 아내 엘리사벳도 또한 (사제 집안인) 아론 후손이었다.

▸▸ Zechariah 제커라이야, 스가랴(세례요한의 아버지 이름) division 종파 descendant 후손

Both of them were upright in the sight of God, observing all the Lord's commandments and regulations blamelessly.

부부는 하나님이 보시기에 주님의 모든 계명과 규율을 부끄럼 없이 지

---

69) 눅 1:5-25, 세례요한의 잉태

70) 세례요한의 부모는 누구이며, 직업은 무엇이었는가요?

키는 올바른 사람들이었다.

▸▸ upright 올바른 observe 준수하다 commandment 명령

But they had no children, because Elizabeth was barren; and they were both well along in years.

그러나 그들은 엘리사벳이 불임으로 아이가 없었고, 둘 다 나이도 많았다.

▸▸ barren 황폐한, 아기를 낳지 못하는 be well along in years 나이가 많다

Once when Zechariah's division was on duty and he was serving as priest before God, he was chosen by lot, according to the custom of the priesthood, to go into the temple of the Lord and burn incense.

스가랴의 종파가 의무 중이었고, 스가랴가 하나님 앞에 사제로서 봉사할 때에 사제의 관례에 따라 주님의 사원에 들어가 향을 피우기 위해 추첨에 의해 선택되었다.

▸▸ by lot 추첨에 의해 incense 향

And when the time for the burning of incense came, all the assembled worshipers were praying outside.

향을 피울 때 모인 다른 예배자들은 모두 밖에서 기도하고 있었다.

Then an angel of the Lord appeared to him, standing at the right side of the altar of incense.

그때 주님의 천사가 향 제단의 오른쪽에 서서 그에게 나타났다.

▸▸ altar 제단

When Zechariah saw him, he was startled and was gripped with fear.

스가랴가 천사를 보았을 때 그는 떨었고 두려움에 사로잡혔다.

▸▸ startle 두려워 떨다 be gripped with fear 공포심을 느끼다

But the angel said to him: "Do not be afraid, Zechariah; your prayer has been heard. Your wife Elizabeth will bear you a son, and you are to give him the name John".

천사 : 두려워 말라, 당신의 기도가 들렸다. 당신의 아내 엘리사벳은 아들을 낳을 것이니, 그의 이름을 요한이라 하라.

Zechariah asked the angel, "How can I be sure of this? I am an old man and my wife is well along in years."

스가랴 : 내가 위와 같은 일을 어떻게 확신할 수 있습니까? 나는 늙었고, 나의 아내도 나이가 많습니다.

The angel answered, "I am Gabriel. I stand in the presence of God, and I have been sent to speak to you and to tell you this good news.

[71]천사 : 나는 가브리엘이다. 나는 하나님 앞에 서 있고, 나는 당신에게 이 좋은 소식을 전하기 위해 보내졌다.

And now you will be silent and not able to speak until the day this happens, because you did not believe my words, which will come true at their proper time."

[72]이런 일이 일어날 때까지 당신은 벙어리가 될 것이다. 당신은 적당한 시기에 실현될 나의 말을 믿지 않았기 때문이다.

[73]When it was time for Elizabeth to have her baby, she gave birth to a son.

엘리사벳이 아이를 낳을 때, 그녀는 아들을 낳았다.

---

71) 세례요한의 잉태를 알리기 위해 찾아온 천사의 이름은 무엇인가요?
72) 세례요한의 아버지가 말을 못 하게 된 이유는 무엇인가요?
73) 눅 1:57-80, 요한의 출생은 누가복음에 수록되어 있다.

On the eighth day they came to circumcise the child, and they were going to name him after his father Zechariah, but his mother spoke up and said, "No! He is to be called John."

[74]8일째 되는 날, 그 아이를 할례하기 위해 갔다. 그의 아버지 스가랴의 이름을 본떠서 이름을 지으려고 했지만,
엘리사벳 : "안 돼요! 그는 요한이라고 불릴 것입니다."

▸▸ circumcise 할례하다

They said to her, "There is no one among your relatives who has that name." Then they made signs to his father, to find out what he would like to name the child. He asked for a writing tablet, and to everyone's astonishment he wrote, "His name is John."

그들 : "그런 이름을 가진 당신의 친척이 아무도 없습니다."
그들은 그의 아버지에게 아이의 이름을 무엇이라고 하는 것이 좋은지 알아보기 위해 표시를 보냈다. 그는 종이에 모든 사람이 놀랍게도, "그의 이름은 요한입니다."라고 썼다.

Immediately his mouth was opened and his tongue was loosed, and he began to speak, praising God. The neighbors were all filled with awe, and throughout the hill country of Judea people

74) 아기는 출생 후 언제 할례를 받는가요?

were talking about all these things.

즉시 그의 입이 열리고 그의 혀가 풀리면서, 그는 하나님을 찬양하면서 말을 하기 시작했다. 이웃들은 경외감에 가득 찼고, 유대의 언덕 마을을 통해 사람들은 이런 일들을 이야기했다.

At that time Jesus came from Nazareth in Galilee and <u>was baptized by John in the Jordan</u>.

그때, [75]예수께서 갈릴리에 있는 나사렛 마을에서 요단강으로 오셔서, 요한에게 세례를 받으셨다.

As Jesus was coming up out of the water, he saw heaven being torn open and the Spirit descending on him like a dove.

예수께서 물에서 나오실 때, 하늘이 열리는 것을 보셨다.
그리고 성령께서 비둘기처럼 자신에게 내려오는 것을 보셨다.

And a voice came from heaven: "<u>You are my Son, whom I love; with you I am well pleased."</u>

[76]하늘 : "너는 내 사랑하는 아들이다. 내가 너로 말미암아 매우 기쁘다."

---

75) 막 1:8-15, 마가는 직접적으로 세례받은 사실을 소개하고 있다.
76) 예수께서 세례받으실 때 하늘에서 들린 소리는 무엇이며, 이 소리가 들린 다른 사건은 무엇인가요?

Then Jesus came from Galilee to the Jordan to be baptized by John.
But John tried to deter him, saying,

[77]그때, 예수께서 갈릴리로부터 요단강에 오셨다.
예수께서는 요한에게 오셔서 세례를 받으려고 하셨다.
그러자 요한은 이를 말리면서 말했다.

"I need to be baptized by you, and do you come to me?" Jesus replied, "Let it be so now; it is proper for us to do this to fulfill all righteousness."

[78]요한 : "제가 예수께 세례를 받아야 되는데, 도리어 예수께서 제게 오셨습니까?"
예수 : "지금은 그렇게 하자. 우리가 이와 같이 하여 모든 의를 이루는 것이 옳다."

▸▸ To deter someone from doing something means to make them not want to do it or continue doing it.

But when John rebuked Herod the tetrarch because of Herodias, his brother's wife, and all the other evil things he

77) 마 3:13-17, 마태는 세례요한이 말렸지만 예수께서 허락하셨다.
78) 눅 3:19-20, 누가는 수동태로 표시

had done, Herod added this to them all: He locked John up in prison.

요한이 헤롯 분봉왕을 비난했다. 그의 형제의 아내인 헤로디아와 그가 행한 다른 모든 악한 일들 때문에 헤롯은 요한을 감옥에 가두었다.

When all the people were being baptized, Jesus was baptized too.

모든 사람들이 세례를 받았을 때 예수도 세례를 받으셨다.

The next day John saw Jesus coming toward him and said, "Look, the Lamb of God, who takes away the sin of the world!

[79]그 다음날 요한은 그를 향해서 오고 있는 예수를 보고 말했다.
세례요한 : 보아라, 하나님의 양, 세상의 죄를 짊어지는

This is the one I meant when I said, 'A man who comes after me has surpassed me because he was before me.'

세례요한 : 이분이 내가 의미한 그분이다. 내 뒤에 오는 한 사람이 나 이전에 있었기 때문에 나를 초월한다고 말한.

▸▸ A man who comes after me

79) 요 1:29-30, 요한은 세례받은 사실을 생략했다.

has surpassed me 3형식

because he was 그는 존재한다. (1형식)

before me.

In those days John the Baptist came, preaching in the Desert of Judea and saying, "Repent, for the kingdom of heaven is near."

[80]그 무렵, 세례자 요한이 나타나서, 유대의 광야에서 전도를 시작했다.
요한 : "회개하라. 하늘나라가 가까이 왔다."

This is he who was spoken of through the prophet Isaiah: "A voice of one calling in the desert, 'Prepare the way for the Lord, make straight paths for him.' "

이사야 : "광야에서 외치는 한 사람의 소리가 있다. '주님의 길을 준비하고, 주님의 길을 곧게 펴라.'"

John's clothes were made of camel's hair, and he had a leather belt around his waist. His food was locusts and wild honey.

요한은 낙타털로 만든 옷을 입고, 허리에 가죽 띠를 둘렀다.
그는 메뚜기와 들에서 나는 꿀을 먹고 살았다.

80) 마 3:1-6, 세례요한의 등장

People went out to him from Jerusalem and all Judea and the whole region of the Jordan. Confessing their sins, they were baptized by him in the Jordan River.

예루살렘과 유대 지방과 요단강 주변에 사는 사람들이 모두 요한에게 나아왔다. 그들은 자신이 지은 죄를 고백하고, 요단강에서 요한에게 세례를 받았다.

But when he saw many of the Pharisees and Sadducees coming to where he was baptizing,

[81]수많은 바리새파 사람과 사두개파 사람들이 세례를 받으러 왔다.

he said to them: "You brood of vipers! Who warned you to flee from the coming wrath? Produce fruit in keeping with repentance.

요한 : "독사의 자식들아! 누가 너희들에게 다가올 하나님의 벌을 피하라고 일러주었느냐? 너희는 회개의 열매를 맺어라.

▸▸ A brood(브루드) is a group of baby birds that were born at the same time to the same mother.

A viper is a small poisonous snake found mainly in Europe.

81) 마 3:7-12, 세례요한의 사상

And do not think you can say to yourselves, 'We have Abraham as our father.' I tell you that out of these stones God can raise up children for Abraham.

요한 : 속으로 '아브라함이 우리의 조상이다.'라고 생각하지 마라. 하나님께서는 이 돌로도 아브라함의 자손이 되게 하실 수 있다.

The ax is already at the root of the trees, and every tree that does not produce good fruit will be cut down and thrown into the fire.

[82]도끼가 이미 나무뿌리에 놓여 있다. 좋은 열매를 맺지 못하는 나무들은 모두 찍혀 불에 던져질 것이다.

▸▸ every tree that does not produce good fruit 주어

will be cut down 동사, 수동태 1형식

and thrown into the fire

"I baptize you with water for repentance. But after me will come one who is more powerful than I,

요한 : 나는 물로 회개의 세례를 준다. 내 뒤에 오실 분은 나보다 능력이 더 많으신 분이다.

---

82) 무서운 종말을 예고하는 세례요한.

whose sandals I am not fit to carry. He will baptize you with the Holy Spirit and with fire.

나는 그분의 신발을 들고 다닐 자격도 없다. 그분은 너희에게 성령과 불로 세례를 주실 것이다.

His winnowing fork is in his hand, and he will clear his threshing floor, gathering his wheat into the barn and burning up the chaff with unquenchable fire."

요한 : 그분은 손에 키를 들고 타작마당을 깨끗이 하여, 알곡은 곳간에 두시고 쭉정이는 꺼지지 않는 불에 태우실 것이다."

▸▸ If you winnow a group of things or people, you reduce its size by separating the ones that are useful or relevant from the ones that are not.

When a cereal such as corn, wheat, or rice is threshed, it is beaten in order to separate the grains from the rest of the plant.
Chaff(채프) is the outer part of grain such as wheat. It is removed before the grain is used as food.

If someone who is thirsty quenches their thirst, they lose their thirst by having a drink. 갈증을 가라앉히다, 불을 끄다.
unquenchable 꺼지지 않는

[83]**"What should we do then?" <u>the crowd</u> asked. John answered, "The man with two tunics should share with him who has none, and the one who has food should do the same."**

군중 : 그러면 우리는 무엇을 해야 합니까?
요한 : 두 개의 외투를 가진 자는 갖지 않은 자와 나누어라.
음식을 가진 자도 그와 같이 해라.

<u>Tax collectors</u> also came to be baptized. "Teacher," they asked, "what should we do?" "Don't collect any more than you are required to," he told them.

세리가 또한 세례받기 위해 왔다.
요한 : 너희가 요구받은 이상 거두지 마라.

Then <u>some soldiers</u> asked him, "And what should we do?" He replied, "Don't extort money and don't accuse people falsely, be content with your pay."

군인이 물었다.
요한 : 돈을 빼앗지 마라. 사람을 거짓으로 고소하지 마라. 당신들의 봉급에 만족하라.

---

83) 눅 3:10-14, 구체적 실행 방안을 설교하는 세례요한

▸▸ If someone extorts money from you, they get it from you using force, threats, or other unfair or illegal means. 강탈하다

content 만족

Now this was John's testimony when the Jews of Jerusalem sent priests and Levites to ask him who he was.

[84]이것은 요한의 증언이다.

He did not fail to confess, but confessed freely, "I am not the Christ."

그는 주저하지 않고 자유롭게 고백했다.
세례요한 : "나는 그리스도가 아니다."

They asked him, "Then who are you? Are you Elijah?" He said : I am not. "Are you the Prophet?" He answered, "no."

그들 : 그러면 너는 누구인가? 엘리야냐?
세례요한 : 나는 아니다.
그들 : 너는 예언자냐?
요한 : 아니다.

84) 요 1:19-28, 종교 지도자들은 사절을 파견하여 세례요한의 신분에 대해 묻는다.

Finally they said, "Who are you? Give us an answer to take back to those who sent us. What do you say about yourself?"

그들 : "너는 누구인가? 우리에게 대답을 주어라. 우리를 보낸 자들에게 돌아갈 수 있도록. 너는 너 자신에 대하여 무엇을 말하느냐?"

John replied in the words of Isaiah the prophet, "I am the voice of one calling in the desert, 'Make straight the way for the Lord.' "

요한은 예언자 이사야의 말로써 대답했다.
요한 : "나는 사막에서 부르는 사람의 목소리이다. 주님의 길을 곧게 만들기 위하여."

Now some Pharisees who had been sent questioned him, "Why then do you baptize if you are not the Christ, nor Elijah, nor the Prophet?"

몇몇 바리새인들 : "왜 그러면 너는 세례를 주느냐?
네가 그리스도나 엘리야나 예언자도 아니라면."

"I baptize with water," John replied, "but among you stands one you do not know.

요한 : 나는 물로 세례를 준다. 그러나 너희들 가운데 너희가 알지 못하

는 한 분이 서 있다.

He is the one who comes after me, the thongs of whose sandals I am not worthy to untie."

그는 내 뒤에 오시는 분이다. 그의 신발의 신발끈도 나는 풀 자격이 없다.

▸▸ He is the one 그는 그분이다. 2형식

who comes after me, 내 뒤에 오시는

the thongs of whose sandals 그의 신발의 끈을, 목적어 도치 강조

I am not worthy to untie." 나는 풀 자격이 없다.

The next day John saw Jesus coming toward him and said, "Look, the Lamb of God, who takes away the sin of the world! "

85)그 다음날 요한은 그를 향해서 오고 있는 예수를 보고 말했다.
요한 : 보아라, 하나님의 양, 세상의 죄를 짊어지는

This is the one I meant when I said, 'A man who comes after me has surpassed me because he was before me.'

이분이 내가 의미한 그분이다. 내 뒤에 오는 한 사람이 나 이전에 있었기 때문에 나를 초월한다고 말한.

85) 요 1:29-34, 요한의 증언

I have seen and I testify that this is <u>the Son of God.</u>

[86]나는 보아왔고 증언한다, 이분이 하나님의 아들이라고.

[87]The next day John was there again with <u>two of his disciples.</u>

그 다음날 요한은 그의 제자 두 명과 함께 다시 그곳에 있었다.

When he saw Jesus passing by, he said, "Look, the Lamb of God ! "

그가 예수가 지나가는 것을 보았을 때,
세례요한 : 보아라! 하나님의 어린 양을.

When <u>the two disciples</u> heard him say this, they followed Jesus.

그 두 제자가 그가 말하는 것을 듣고서는 그들은 예수를 따라갔다.

[88]When it was almost time <u>for the Jewish Passover</u>, Jesus went

---

86) 세례요한은 예수가 하나님의 아들이라고 증언하고 있다.

87) 요 1:35-51, 예수의 첫 다섯 제자의 이름은 안드레, 사도요한, 베드로, 필립, 나다나엘이다. 이들은 북쪽 갈릴리 출신으로 세례요한의 설교를 듣고 제자가 되고자 남쪽의 요단강 하류 지역에 자주 들렀고, 그 와중에 같은 고향 출신인 예수를 만나 예수의 제자가 된다.

88) 요 2:13-22, 성전 정화. 하나님의 이름을 더럽히는 것과 성전 모독은 신성 모독으로서 용서될 수 없는 죄이다. 유월절을 맞이하여 전국 각지에서 성전이 있는 예루살렘으로 민중이 몰려든다. 예수는 성전을 뒤집어엎고, 이 사건으로 화끈하게 예루살렘에서 공식적인 데뷔를 하게 된다. 제물로 쓰일 가축을 팔고, 성전 안에서만 쓰이는 동전을 환전하여 얻는 수입으로 대제사장 등 사두개파는 엄청난 이득을 챙긴다. 민중들은 이에 불만이 많았으나 드러내 놓고 불평할 수는 없었다. 위와 같은 상황에서 예수는 홀연히 등장하여 성전을 뒤엎어 버렸으니 당시 민중은 통쾌했다. 예수는 유월절을 맞이하여 전 지역에서 모여든 모든 사람의 입에 오르내리는 유명인사가 된다.

up to Jerusalem.

유월절에 이르러 예수는 예루살렘으로 올라갔다.

In the temple courts he found men selling [89]cattle, sheep and doves, and others sitting at tables exchanging money.

사원 광장에서 예수는 소, 양, 비둘기를 팔고 있는 사람들을 발견했다. 다른 사람들은 테이블에서 돈을 교환하면서 앉아 있었다.

So he made a whip out of cords, and drove all from the temple area, both sheep and cattle; he scattered [90]<u>the coins</u> of the money changers and overturned their tables.

그래서 그는 새끼로 채찍을 만들어 사원 지역으로부터 모두를 몰아냈다. 테이블을 뒤엎었다.

To those who sold <u>doves</u> he said, "Get these out of here! <u>How dare you turn my Father's house into a market!</u>"

예수 : 이곳에서 나가라!
감히 너희들은 나의 아버지의 집을 시장으로 바꾸는가!

---

89) 처음에는 집에서 정성스럽게 기른 동물을 제물로 바쳤으나, 점차 돈으로 동물을 사서 제물로 바치게 되었다.

90) 성전세는 반드시 이스라엘의 화폐인 세겔로 바꾸어 내야 했다.

Then the Jews demanded of him, [91]"What miraculous sign can you show us to prove your authority to do all this?"

유대인들 : 무슨 기적적인 표식을 당신은 우리에게 보일 수 있는가? 모든 이와 같은 일을 하는 너의 권위를 증명하기 위해.

Jesus answered them, [92]"<u>Destroy this temple, and I will raise it again in three days."</u>

예수 : 이 사원을 파괴하라, 그러면 3일 안에 다시 세울 것이다.

▸▸ 명령문, and 그러면

[93]The Jews replied, "It has taken forty-six years to build this temple, and you are going to raise it in three days?"

유대인들 : 이 사원을 세우는 데 46년이 걸렸다. 너는 3일 안에 다시 세운다고?

But the temple he had spoken of was [94]<u>his body</u>.

---

91) 한복음에서는 예수가 세례요한으로부터 세례를 받은 직후인, 선교의 초기 사건으로 기록하지만, 공관복음에서는 사망 일주일 전의 사건으로 취급한다.

92) 요한복음에서는 죽은 나사로를 살린 사건이 십자가 처형의 원인이 되는 반면에, 공관복음에서는 이 말이 3년 후 성전 모독죄로 십자가 처형의 원인이 된다.

93) 유대인들의 오해. 요한복음은 예수께서 주위 사람들의 오해를 풀고 이해를 시키는 복음서이다.

94) 예수는 예수의 부활을 의미했지만, 유대인들은 성전 건물 자체로 이해했다.

예수가 말한 사원은 그의 몸이었다.

▸▸ the temple 주어

he had spoken of

was his body. 동사, 보어, 2형식

After he was raised from the dead, [95]his disciples recalled what he has said. Then they believed the Scripture and the words that Jesus has spoken.

죽음에서 부활한 후 제자들은 그가 한 말을 회상했다. 그런 다음 제자들은 성경과 예수가 한 말을 믿었다.

After this, Jesus and his disciples went out into the Judean countryside, where he spent some time with them, and baptized.

[96]예수와 제자들은 요단강가로 갔다. 예수는 세례를 주었다.

Now John also was baptizing at Aenon near Salim, because there was plenty of water, and people were constantly coming to be baptized.

---

95) 제자들도 예수 생전에 이해 못 함. 하물며 유대인들은 더욱더 이해하지 못했다.

96) 요 3:22-36, 4:1-4:3 세례 논쟁

요한은 또한 물이 많았기 때문에 살림 근처 애논에서 세례를 주고 있었다.

(This was before John was put in prison.)

요한이 투옥되기 전의 일이었다.

An argument developed between some of John's disciples and a certain Jew over the matter of ceremonial washing.

논쟁이 있었다, 정화의식 문제에 관하여.

[97]**They came to John and said to him, "Rabbi, that man who was with you on the other side of the Jordan, the one you testified about, well, he is baptizing, and everyone is going to him."**

세례요한의 제자들 : 선생님, 당신이 증언한 그 사람이 세례를 주고 있는데, 모든 사람이 그에게로 갑니다.

To this John replied, "A man can receive only what is given him from heaven."

---

97) 세례요한의 제자들은 예수가 세례를 주는 것에 대하여 불평하면서 못마땅해 했다.

[98]세례요한 : 인간은 단지 하늘로부터 그에게 주어진 것만을 받는다.

You yourselves can testify that I said, 'I am not the Christ but am sent ahead of him.'

나는 그리스도가 아니라 그 앞에 보내진 자다.

The bride belongs to the bridegroom. The friend who attends the bridegroom waits and listens for him, and is full of joy when he hears the bridegroom's voice. That joy is mine, and it is now complete.

신부는 신랑에 속한다. 신랑을 돌보아야 하는 친구는 기다리고 듣는다.
그가 신랑의 목소리를 들었을 때 기쁨으로 가득 찬다.
그의 기쁨은 나의 것이고 지금 완성되었다.

He must become greater; I must become less.

그는 더 위대해져야 하고, 나는 작아져야 한다.

When John heard in prison what Christ was doing, he sent his disciples to ask him, "Are you the one who was to come, or should we expect someone else?"

---

98) 마 11:2-6, 세례요한은 투옥되자 예수의 신성에 대해 의문을 제기한다.

세례자 요한은 감옥에서 그리스도가 하신 일을 들었다. 요한은 제자들을 예수께 보냈다. 요한은 그들을 통해 예수께 물었다.
요한 : "오신다고 했던 분이 바로 당신입니까? 아니면 다른 분을 기다려야 합니까?"

Jesus replied, "Go back and report to John what you hear and see:

예수 : "요한에게 가서 너희가 듣고 본 것을 말해라.

The blind receive sight, the lame walk, those who have leprosy are cured, the deaf hear, the dead are raised, and the good news is preached to the poor.

보지 못하는 사람이 보고, 걷지 못하는 사람이 걷고, 문둥병 환자가 깨끗해지고, 듣지 못하는 사람이 듣고, 죽은 사람이 살아나며, 가난한 사람에게 복음이 전해진다고 해라.

Blessed is the man who does not fall away on account of me."

나를 의심하지 않는 사람은 복이 있다."

▸▸ Blessed is the man 보, 동, 주, 2형식 도치
who does not fall away
on account of me. 나 때문에

As John's disciples were leaving, Jesus began to speak to the crowd about John:

[99]요한의 제자들이 떠난 뒤에, 예수께서 모인 사람들에게 요한에 대해 말씀하기 시작하셨다.

"What did you go out into the desert to see? A reed swayed by the wind? If not, what did you go out to see? A man dressed in fine clothes? No, those who wear fine clothes are in kings' palaces.

예수 : "너희는 무엇을 보러 광야에 나갔느냐? 바람에 흔들리는 갈대를 보러 갔느냐? 아니면 무엇을 보러 갔느냐? 화려한 옷을 입은 사람을 보려고 나갔느냐? 화려한 옷을 입은 사람은 왕궁에 있다.

Then what did you go out to see? A prophet? Yes, I tell you, and more than a prophet.

예수 : 그러면 너희는 무엇을 보러 나갔느냐? 예언자를 보려고 나갔느냐? 그렇다. 내가 너희에게 말한다. 이 사람은 예언자보다 더 나은 사람이다.

This is the one about whom it is written: 'I will send my

99) 마 11:7-14, 세례요한을 평가하는 예수

messenger ahead of you, who will prepare your way before you.'

이 사람에 대해 성경에 이렇게 기록되어 있다. '보라, 내가 너보다 앞서 나의 사자를 보낸다. 그는 너의 길을 준비할 것이다.'

I tell you the truth: <u>Among those born of women there has not risen anyone greater than John the Baptist</u>;

예수 : 내가 너희에게 진정으로 말한다. 여자가 낳은 사람 중에 그 누구도 세례자 요한보다 더 위대한 사람은 없다.

<u>yet he who is least in the kingdom of heaven is greater than he.</u>

그러나 하늘나라에서는 아무리 낮은 사람이라도 세례자 요한보다 더 위대하다.

For all the Prophets and the Law prophesied until John. And if you are willing to accept it, he is <u>the Elijah</u> who was to come.

모든 예언자들과 율법에 예언한 것이 요한까지이다. 너희가 이 예언을 받아들일 마음이 있다면, 오기로 되어 있는 [100]엘리야가 바로 요한이다.

100) 예수는 세례요한을 엘리야로 보았다.

King Herod heard about this, for Jesus' name had become well known.
Some were saying, "John the Baptist has been raised from the dead, and that is why miraculous powers are at work in him." Others said, "He is Elijah." And still others claimed, "He is a prophet, like one of the prophets of long ago."

[101]예수의 이름이 널리 알려져서 헤롯왕도 예수의 소문을 들었다.
사람들 : "세례자 요한이 죽은 사람들 가운데서 살아난 거야. 그러니까 이런 기적이 그분에게서 나오는 거야."
어떤 사람들 : "그분은 엘리야다."
또 다른 사람들 : "그분은 옛날에 있었던 예언자와 똑같은 예언자야."

But when Herod heard this, he said, "John, the man I beheaded, has been raised from the dead!"

헤롯 : "내가 목을 잘라 죽인 요한이 다시 살아났구나!"

[102]**For Herod himself had given orders to have John arrested, and he had him bound and put in prison. He did this because of Herodias, his brother Philip's wife, whom he had married.**

---

101) 막 6:14-29, 헤롯의 공포
102) 세례요한 처형 사건에 대해 설명하시오.

예전에 헤롯은 요한을 잡아오게 하여 감옥에 가두어 둔 적이 있었다. 이는 헤로디아와 관련된 일로, 헤롯이 자기 동생 빌립의 아내인 헤로디아를 아내로 삼아 버렸기 때문이었다.

▸▸ to <u>have</u>(사역동사) John(목적어) <u>arrested</u>(목적보어), 요한을 체포하도록, 5형식

and he <u>had</u> him <u>bound</u> 묶어서

For John had been saying to Herod, "It is not lawful for you to have your brother's wife."

세례요한 : "자기 동생의 아내를 자기 아내로 삼는 것은 옳지 않습니다."

▸▸ "It is not lawful 가주어 It

<u>for</u> you 당신이

to have your brother's wife." 진주어 to-

So Herodias <u>nursed a grudge against</u> John and wanted to kill him.

But she was not able to, because Herod feared John and protected him, knowing him to be a righteous and holy man.

그래서 헤로디아는 요한을 미워했다. 헤로디아는 요한을 죽이고 싶었지만 그럴 수 없었다. 그것은 요한이 의롭고 거룩한 사람이란 것을 아는 헤롯이 요한을 두려워했기 때문이다. 그래서 요한을 살려두었다.

▸▸ Herodias <u>nursed a grudge against</u> John 원한을 갖다

When Herod heard John, he was greatly puzzled; yet he liked to listen to him.

헤롯은 요한의 말이 듣기에 괴로웠지만, 그의 말을 즐겨 들었다.

Finally the opportune time came. On his birthday Herod gave a banquet for his high officials and military commanders and the leading men of Galilee.

요한을 죽일 수 있는 좋은 기회가 왔다. 자기 생일에 헤롯은 고관들과 천부장들, 갈릴리의 귀빈들을 초청해서 잔치를 베풀었다.

When the daughter of Herodias came in and danced, she pleased Herod and his dinner guests.

헤로디아의 딸이 춤을 춰서 헤롯과 잔치에 참여한 손님들을 즐겁게 해 주었다.

The king said to the girl, "Ask me for anything you want, and I'll give it to you." And he promised her with an oath, "Whatever you ask I will give you, up to half my kingdom."

헤롯 : "네가 원하는 것을 말해라. 그러면 그것을 선물로 주겠다."

"네가 무엇을 달라고 하든지 다 주겠다. 내 나라의 절반이라도 말이다."

She went out and said to her mother, "What shall I ask for?" "The head of John the Baptist," she answered. At once the girl hurried in to the king with the request: "I want you to give me right now the head of John the Baptist on a platter."

소녀는 자기 어머니에게 가서
소녀 : "무엇을 달라고 할까요?"
어머니 : "세례자 요한의 머리를 달라고 해라."
소녀 : "바로 이 자리에서, 세례자 요한의 머리를 쟁반에 담아 주세요."

The king was greatly distressed, but because of his oaths and his dinner guests, he did not want to refuse her.

왕은 매우 괴로웠지만, 자기가 한 맹세 때문에, 그리고 잔치에 참여한 손님들 때문에 소녀의 요청을 거절할 수 없었다.

So he immediately sent an executioner with orders to bring John's head.

왕은 곧바로 시위대 군인을 보내 요한의 머리를 가져오라고 했다.

The man went, beheaded John in the prison, and brought back his head on a platter. He presented it to the girl, and she gave it

to her mother.

군인은 가서 감옥에 있던 요한의 머리를 잘랐다. 그리고 쟁반에 담은 그의 머리를 가져와 소녀에게 주었고, 소녀는 그것을 자기 어머니에게 가져다주었다.

On hearing of this, John's disciples came and took his body and laid it in a tomb.

요한의 제자들이 이 소식을 듣고 가서 요한의 시체를 가져다가 무덤에 묻었다.

Jesus, full of the Holy Spirit, returned from the Jordan and was led by the Spirit in the desert, where for forty days he was tempted by the devil.

[103]예수는 성령에 충만하여 요단강으로부터 돌아왔다. 성령에 의하여 사막에 이끌려 40일을 보냈다. 예수는 악마에 의해 유혹 당했다.

▸▸ tempt 유혹하다

He ate nothing during those days, and at the end of them he was hungry.

---

103) 눅 4:1-13, 세례요한의 투옥을 전후하여 예수는 사막으로 들어가 사탄의 시험을 받는다.

아무것도 먹지 못했다. 배가 고팠다.

The devil said to him, "If you are the Son of God, tell this stone to become bread."

악마 : 네가 하나님의 아들이면, 이 돈을 빵이 되게 하라.

Jesus answered, "It is written: 'Man does not live on bread alone.' "

예수 : 인간은 빵으로만 살 수는 없다.

The devil led him up to a high place and showed him in an instant all the kingdoms of the world.

악마는 예수를 높은 곳으로 인도하여 즉각 보여주었다, 세상의 모든 왕국을.

And he said to him, "I will give you all their authority and splendor, for it has been given to me, and I can give it to anyone I want to.
So if you worship me, it will all be yours."

악마 : 나는 너에게 이 모든 권위와 영광을 줄 것이다. 이것은 나에게 주어진 것이요, 나는 이것을 내가 원하는 누구에게나 줄 수 있기 때문에, 네가 나를 숭배하면, 이것은 너의 것이 될 것이다.

▸▸ authority 권위 splendor 영광

Jesus answered, "It is written: 'Worship the Lord your God and serve him only.' "

예수 : 주님인 당신의 하나님을 공경하라. 단지 주님에게만 봉사하라.

The devil led him to Jerusalem and had him stand on the highest point of the temple. "If you are the Son of God," he said, "throw yourself down from here."

악마는 예수를 예루살렘으로 인도하여, 사원의 가장 높은 곳에 서게 했다.
악마 : 네가 하나님의 아들이라면 여기서부터 뛰어내려라.

For it is written: 'He will command his angels concerning you to guard you carefully; they will lift you up in their hands, so that you will not strike your foot against a stone.'

그는 조심스럽게 보호하라고 천사에게 명령할 것이다.
천사는 손으로 너를 받칠 것이다, 너의 다리가 돌에 깨지지 않도록.

▸▸ command 명령하다

Jesus answered, "It says: 'Do not put the Lord your God to the test.' "

예수 : 주님이신 너의 하나님을 시험하지 마라.

When the devil had finished all this tempting, he left him until an opportune time.

악마가 이 모든 유혹을 마쳤을 때, 그는 적당한 시기가 될 때까지 예수를 떠났다.

▸▸ If something happens at an opportune time or is opportune, it happens at the time that is most convenient for someone or most likely to lead to success. 적당한

When Jesus heard that John had been put in prison, he returned to Galilee.

예수께서 요한이 감옥에 갇혔다는 소식을 듣고 유대에서 갈릴리로 돌아가셨다.

Leaving Nazareth, he went and lived in Capernaum. From that time on Jesus began to preach, "Repent, for the kingdom of heaven is near."

예수께서는 나사렛을 떠나, 가버나움으로 옮기시어 거기서 사셨다.
예수 : "회개하라. 하늘나라가 가까이 왔다."

Now John's disciples and the Pharisees were fasting.

[104]요한의 제자들과 바리새파 사람들은 금식을 했다.

Some people came and asked Jesus, "How is it that John's disciples and the disciples of the Pharisees are fasting, but yours are not?"

[105]사람들 : "요한의 제자들과 바리새파 사람의 제자들은 금식을 하는데, 어째서 선생님의 제자들은 금식을 하지 않습니까?"

▸▸ "How is it that 강조용법(it is - that)

John's disciples and the disciples of the Pharisees

are fasting 금식하고 있다

but yours are not?"

Jesus answered, "How can the guests of the bridegroom fast while he is with them? They cannot, so long as they have him with them. But the time will come when the bridegroom will be taken from them, and on that day they will fast.

예수 : "신랑의 친구들이 신랑과 함께 있을 때, 금식을 하지 않는다.

---

104) 막 2:18-22, 금식

105) 금식에 대한 예수의 입장은 무엇인가요?

그렇지 않느냐? 신랑이 자기들과 함께 있는 한, 그들은 금식하지 않는다.
그러나 신랑을 빼앗길 날이 올 것이고, 그 날에 금식을 하게 될 것이다.

No one sews a patch of unshrunk cloth on an old garment. If he does, the new piece will pull away from the old, making the tear worse.

그 누구도 낡은 옷에 새 천 조각을 대고 깁지 않는다.
만일 그렇게 하면 새로 댄 조각이 낡은 옷을 당겨 더욱 못 쓰게 될 것이다.

And no one pours new wine into old wineskins. If he does, the wine will burst the skins, and both the wine and the wineskins will be ruined.
No, [106]he pours new wine into new wineskins.

또한 그 누구도 낡은 술 부대에 새 술을 보관하지 않는다. 만일 그렇게 하면 술이 그 부대를 터뜨려, 술과 함께 술 부대가 다 못 쓰게 될 것이다. 새 술은 새 부대에 넣어야 한다.

---

106) 신랑, 새 포도주는 요한복음 첫 표적인 가나의 혼인잔치에서 물로 포도주를 만든 일화를 연상시킨다. 예수의 사상은 새 포도주!

Q3.

말 씀

Q3.

말 씀

Then Jesus said to the crowds and to his disciples: The teachers of the law and the Pharisees sit in Moses' seat. So you must obey them and do everything they tell you.

예수 : 율법학자와 바리새인들은 모세의 자리에 앉아 있기 때문에, 그들에게 복종하고 그들이 말한 모든 것을 행해야 한다.

But do not do what they do, for they do not practice what they preach.

[107]그들이 설교한 것을 실행하려 하지 않기 때문에, 그들이 행한 바를 행하지는 마라.

They tie up heavy loads and put them on men's shoulders, but they themselves are not willing to lift a finger to move them.

그들은 무거운 짐을 묶어 다른 사람들의 어깨에 올리지만, 정작 자신들

---

107) 사랑의 실천, 말한 것을 실행해야 한다.

은 그 짐을 지기 위해 손가락 하나 움직이려고 하지 않는다.

▸▸ They tie up heavy loads 그들은 무거운 짐을 묶는다.

and put them on men's shoulders, 짐을 사람들의 어깨에 놓는다.

but they themselves are not willing to 그들 스스로는 하려고 하지 않는다.

lift a finger 손가락을 들다

to move them 짐을 옮기기 위해

Everything they do is done for men to see: They make their phylacteries wide and the tassels on their garments long;

[108]그들은 다른 사람들에게 보이려고 모든 일을 한다.
그래서 말씀 상자를 크게 만들고, 옷 술을 길게 늘어뜨린다.

they love the place of honor at banquets and the most important seats in the synagogues;

이들은 잔치에서 윗자리에 앉기를 좋아하고, 회당에서 높은 자리에 앉기를 좋아한다.

they love to be greeted in the marketplaces and to have men call them 'Rabbi.'

---

108) 성직자들의 형식주의를 비판함. phylactery(필랙트리) 성구함(聖句). 구약 성서의 성구를 적은 양피지를 담은 가죽 상자의 하나. 아침 기도 때 하나는 이마에, 하나는 왼팔에 잡아맴. tassel (태슬) (장식) 술. 우승기 · 어린이 모자의 술 등

이들은 장터에서 인사 받는 것을 좋아하고, 선생이라고 불리는 것을 좋아한다.

But you are not to be called 'Rabbi,' for you have only one Master and you are all brothers.

그러나 너희는 '선생'이라는 소리를 듣지 마라. 너희의 선생님은 오직 한 분이고, 너희 모두는 형제들이다.

And do not call anyone on earth 'father,' for you have one Father, and he is in heaven.

그리고 세상에서 그 누구에게도 '아버지'라고 부르지 마라. 아버지는 오직 한 분인데, 하늘에 계시다.

Nor are you to be called 'teacher,' for you have one Teacher, the Christ.

너희는 '스승' 소리를 듣지 마라. 너희의 스승은 오직 한 분뿐인 그리스도시다.

The greatest among you will be your servant. For whoever exalts himself will be humbled, and whoever humbles himself will be exalted.

너희 가운데 큰 자는 너희의 종이 될 것이다. 누구든지 자신을 높이는 사람은 낮아질 것이고, 낮추는 사람은 높아질 것이다.

Woe to you, teachers of the law and Pharisees, you hypocrites!
You shut the kingdom of heaven in men's faces.
You yourselves do not enter, nor will you let those enter who are trying to.

율법학자와 바리새파 위선자들이여, 너희에게 화가 있다!
너희는 사람들 앞에서 하늘나라의 문을 막는다.
너희가 들어가지 않으면서, 다른 사람들도 들어가지 못하게 막는다.

Woe to you, teachers of the law and Pharisees, you hypocrites!
You travel over land and sea to win a single convert, and when he becomes one, you make him twice as much a son of hell as you are.

율법학자와 바리새파 위선자들이여, 너희에게 화가 있다!
너희는 개종자 하나를 만들려고 바다와 육지를 두루 다닌다.
그러다가 한 사람을 찾으면 너희보다 더한 지옥의 아들로 만든다.

Woe to you, blind guides!
You say, 'If anyone swears by the temple, it means nothing;
but if anyone swears by the gold of the temple, he is bound by his oath.'

앞 못 보는 인도자인 너희에게 화가 있다!
너희는 '만일 너희가 성전을 두고 맹세하면 아무래도 좋지만,
성전에 있는 금을 두고 맹세하면 반드시 지켜야 한다.'라는 말을 한다.

You blind fools!
Which is greater: the gold, or the temple that makes the gold sacred?

바보 같고 눈이 먼 너희들아!
어느 것이 더 중요하냐? 금이냐, 그 금을 거룩하게 만드는 성전이냐?

Woe to you, teachers of the law and Pharisees, you hypocrites!
You give a tenth of your spices, mint, dill and cummin.
But you have neglected the more important matters of the law, justice, mercy and faithfulness.

율법학자와 바리새파 위선자들이여, 너희에게 화가 있다!
너희는 박하와 회향과 뿌리채소의 십일조까지 드리면서, [109]정의, 자비, 신의와 같은 율법의 더 중요한 부분은 무시한다.

You should have practiced the latter, without neglecting the former.

---

109) 형식주의에 빠지지 말고 율법의 실질적 내용을 중요시하라. 정의, 자비, 신의, 진리를 알면, 진리가 너희를 자유케 하리라!

십일조도 중요하지만, 더 중요한 일을 무시해서는 안 된다.

Woe to you, teachers of the law and Pharisees, you hypocrites! You clean the outside of the cup and dish, but inside they are full of greed and self-indulgence.

율법학자와 바리새파 위선자들이여, 너희에게 화가 있다!
너희가 잔과 접시의 겉을 깨끗하게 하지만,
그 안에는 탐욕과 방종이 가득 차 있다.

Blind Pharisee!
First clean the inside of the cup and dish,
and then the outside also will be clean.

너희 눈먼 바리새파 사람들이여,
먼저 잔과 접시의 안을 깨끗하게 해라.
그래야 겉도 깨끗해질 것이다.

▸▸ First clean the inside of the cup and dish, 명령문
and then the outside also will be clean. 그러면

They are blind guides.
If a blind man leads a blind man, both will fall into a pit.

그들은 앞을 못 보는 인도자다.

눈먼 사람이 눈먼 사람을 인도하면 둘 다 구덩이에 빠지게 된다.

[110]**"Why do you call me good?" Jesus answered.**
No one is good except God alone.

[111]하나님 한 분밖에는 선한 분이 없다.

He causes his sun to rise on the evil and the good,
and sends rain on the righteous and the unrighteous.
Be perfect, therefore, as your heavenly Father is perfect.

[112]하나님은 선한 자와 악한 자 모두에게 똑같이 해를 비추고,
비를 내리는 공명정대하고 완벽한 분이시다.

Are not five sparrows sold for two pennies?
Yet not one of them is forgotten by God.
Indeed, the very hairs of your head are all numbered.

[113]하나님은 전지전능하셔서 우리의 머리카락도 다 세고 계신다.

---

110) 예수는 하나님의 전지전능하심을 믿고 예수가 하나님의 아들임을 믿으며, 예수가 제정한 새로운 계명인 사랑의 실천의 삶을 살아, 우리 이웃의 가장 비천한 자들에게 사랑을 베풀면 하나님의 뜻을 행하는 삶이 되어, 우리의 마음속에 천국이 도래하여 영생을 누리게 될 것이라고 설교했다.

111) 막 10:18, 하나님은 선한 분이시다. 『예수의 역사적 초상』 pp. 95-96 참조
112) 마 5:45, 하나님은 공명정대하신 분이다.
113) 눅 12:7, 하나님은 전지전능하신 분이다.

Look at the birds of the air; they do not sow or reap or store away in barns, and yet your heavenly Father feeds them. Are you not much more valuable than they?

[114]하나님은 우리를 먹여 주신다.

Who of you by worrying can add a single hour to his life? And why do you worry about clothes? See how the lilies of the field grow. They do not labor or spin. Yet I tell you that not even Solomon in all his splendor was dressed like one of these. If that is how God clothes the grass of the field, which is here today and tomorrow is thrown into the fire, will he not much more clothe you, O you of little faith?

하나님은 우리를 입혀 주신다.

But when you pray, go into your room, close the door and pray to your Father, who is unseen. Then your Father, who sees what is done in secret, will reward you. And when you pray, do not keep on babbling like pagans, for your Father knows what you need before you ask him.

---

114) 마 6:28-30, 하나님은 우리를 먹여 주고 입혀 주시는 분이다.

[115]하나님은 우리가 볼 수 없지만,
우리가 비밀로 행한 일들을 보고 계시며,
요청하기도 전에 우리가 필요한 모든 것을 알고 계신다.

Ask and it will be given to you; seek and you will find; knock and the door will be opened to you. For everyone who asks receives; he who seeks finds; and to him who knocks, the door will be opened.
Which of you, if his son asks for bread, will give him a stone?
Or if he asks for a fish, will give him a snake?
If you, then, though you are evil, know how to give good gifts to your children, how much more will your Father in heaven give good gifts to those who ask him!

[116]하나님은 믿음으로 구하는 모든 것을 우리에게 베풀어 주신다.

[117]He also said, "This is what the kingdom of God is like.

하나님 나라는 다음과 같다.

A man scatters seed on the ground.

---

115) 마 6:6,8, 하나님은 우리가 필요로 하는 것을 모두 알고 계신다.
116) 마 7:7-9, 하나님은 좋은 선물을 주시는 분이다.
117) 막 4:26-30, 씨앗 비유. 『예수의 역사적 초상』 pp. 118-122 참조.

어떤 사람이 땅에 씨를 뿌렸다.

Night and day, whether he sleeps or gets up, the seed sprouts and grows, though he does not know how.

밤과 낮, 그가 잠을 자든지 일어나든시 간에, 비록 그가 어떻게 되는지 알지 못한다고 하더라도 씨는 발아하여 자란다.

▸▸ Night and day,

whether he sleeps or gets up, 그가 잠을 자든지 일어나든지 간에

the seed sprouts and grows, 씨는 발아하여 자란다.

though he does not know how. 비록 그가 어떻게 되는지 알지 못한다고 하더라도

All by itself the soil produces grain, first the stalk, then the head, then the full kernel in the head.

스스로 토양은 곡물을 생산한다. 우선 줄기가 나고, 그 다음 머리 부분이, 그런 다음 머리에서 완전한 곡물을 생산한다.

As soon as the grain is ripe, he puts the sickle to it, because the harvest has come.

곡물이 익으면, 그는 낫을 든다. 추수가 가까이 왔기 때문이다.

▸▸ sickle 낫

Again he said, "What shall we say the kingdom of God is like, or what parable shall we use to describe it?

하나님 나라는 다음과 같다.

<u>It is like a mustard seed</u>, which is the smallest seed you plant in the ground.

[118]가장 작은 겨자씨와 같다. 너희들이 땅에 심는 것 중 가장 작은 씨앗이다.

Yet when planted, it grows and becomes the largest of all garden plants, with such big branches that the birds of the air can perch in its shade.

그럼에도 심었을 때, 자라서 모든 정원 식물 중 가장 큰 것으로 된다.
하늘의 새가 그 그늘에 둥지를 틀 수 있는 그런 가장 큰 가지를 가진

He told them still another parable: "<u>The kingdom of heaven is like yeast</u> that a woman took and mixed into a large amount of flour until it worked all through the dough."

---

118) 막 4:31-32, 겨자씨 비유

[119]하나님 나라는 누룩과 같다. 한 여인이 가져다가 밀가루와 섞었다. 반죽에 작용할 때까지

▸▸ Dough (도우) is a fairly firm mixture of flour, water, and sometimes also fat and sugar. It can be cooked to make bread, pastry, and biscuits.

When the Son of Man comes in his glory, and all the angels with him, he will sit on his throne in heavenly glory. All the nations will be gathered before him,

[120]인자가 모든 천사들과 함께 영광 가운데 다시 와서, 영광의 보좌에 앉을 것이다. 그때에 세상 모든 나라가 그 앞에 모일 것이며,

and he will separate the people one from another as a shepherd separates the sheep from the goats.

목자가 양과 염소를 구분하듯이, 인자가 사람들을 나눌 것이다.

He will put the sheep on his right and the goats on his left.

인자는 자신의 오른쪽에는 양을, 왼쪽에는 염소를 둘 것이다.

119) 마 13:33, 누룩 비유

120) 마 25:31-46, 심판 기준. 마 7:21-23에서는 단지 주님이라고 부르는 것만으로는 천국에 들어갈 수 없다고 말하고 있다. Not everyone who say to me, 'Lord, Lord,' will enter the kingdom of heaven.

Then the King will say to those on his right, Come, you who are blessed by my Father; take your inheritance, the kingdom prepared for you since the creation of the world.

왕이 오른쪽에 있는 사람들에게
왕 : '내 아버지로부터 복을 받은 너희들이여,
와서 세상이 만들어질 때부터
하나님께서 너희를 위해 준비하신 나라를 물려받아라.

▸▸ inheritance 유산

For I was hungry and you gave me something to eat, I was thirsty and you gave me something to drink, I was a stranger and you invited me in,

내가 배가 고플 때, 너희는 내게 먹을 것을 주었다. 내가 목마를 때, 너희는 마실 것을 주었다. 내가 나그네로 있을 때, 너희는 나를 초대해 주었다.

I needed clothes and you clothed me, I was sick and you looked after me, I was in prison and you came to visit me.

내가 헐벗었을 때, 너희는 내게 옷을 입혀 주었다. 내가 아플 때, 너희는 나를 돌보아 주었다. 내가 감옥에 있을 때, 너희는 나를 찾아 주었다.'

Then the righteous will answer him, 'Lord, when did we see you hungry and feed you, or thirsty and give you something to drink?

의로운 사람들 : 주님, 언제 주님께서 배고프신 것을 보고, 우리가 음식을 주었습니까? 언제 목마른 것을 보고, 마실 것을 주었습니까?

When did we see you a stranger and invite you in, or needing clothes and clothe you? When did we see you sick or in prison and go to visit you?'

언제 나그네 된 것을 보고, 우리가 초대했습니까? 언제 헐벗으신 것을 보고, 우리가 옷을 입혀 주었습니까? 언제 감옥에 있는 것을 보고, 또 아프신 것을 보고, 우리가 찾아갔습니까?'

The King will reply, 'I tell you the truth, <u>whatever you did for one of the least of these brothers of mine, you did for me.</u>'

왕 : '내가 너희에게 진정으로 말한다. 너희가 이 형제들 중 가장 보잘것 없는 사람에게 한 일이 곧 나에게 한 것이다.'

▸▸ whatever you did 네가 행한 무엇이나

for one of <u>the least</u> of these brothers of mine,

you did for me. 너는 나를 위해 행한 것이다.

Then he will say to those on his left, 'Depart from me, you who are cursed, into the eternal fire prepared for the devil and his angels.

왼쪽에 있는 사람들에게
왕 : '저주받은 자들아, 내게서 떠나 악마와 그 부하들을 위해 준비한 영원한 불에 들어가거라.

For I was hungry and you gave me nothing to eat, I was thirsty and you gave me nothing to drink, I was a stranger and you did not invite me in, I needed clothes and you did not clothe me, I was sick and in prison and you did not look after me.'

내가 배가 고플 때, 너희는 내게 아무것도 주지 않았다. 내가 목마를 때, 너희는 마실 것도 주지 않았다. 내가 나그네 되었을 때, 너희는 나를 초대하지 않았다. 내가 헐벗었을 때, 너희는 내게 아무것도 입혀 주지 않았다. 내가 아플 때나 감옥에 있을 때, 너희는 나를 돌보지 않았다.'

They also will answer, 'Lord, when did we see you hungry or thirsty or a stranger or needing clothes or sick or in prison, and did not help you?'

그 사람들 : '주님, 언제 주님이 배고프거나, 목마르거나, 나그네 되었거나, 헐벗었거나, 아프거나, 감옥에 있는 것을 보고, 우리가 돌보지 않았습니까?'

He will reply, 'I tell you the truth, whatever you did not do for one of the least of these, you did not do for me.'

왕 : '내가 너희에게 진정으로 말한다. 이 사람들 가운데 가장 작은 자 한 사람에게 하지 않은 것이 곧 나에게 하지 않은 것이다.'

Then they will go away to eternal punishment, but the righteous to eternal life.

이 사람들은 영원히 형벌을 받게 될 것이다. 그러나 의로운 사람들은 영원한 생명에 들어갈 것이다.

A farmer went out to sow his seed. As he was scattering the seed, some fell <u>along the path</u>, and the birds came and ate it up.

[121]한 농부가 씨를 심으러 나갔다. 그가 씨를 뿌리는데 어떤 씨는 <u>길가</u>에 떨어져 새들이 와서 모두 쪼아 먹었다.

Some fell <u>on rocky places</u>, where it did not have much soil. It sprang up quickly, because the soil was shallow. But when the sun came up, the plants were scorched, and they withered because they had no root.

121) 막 4:1-9, 씨 뿌리는 자의 비유

또 어떤 씨는 흙이 많지 않은 돌밭에 떨어져, 흙이 얕아 싹이 곧 나왔으나, 해가 뜨자 그 싹은 시들어 버리고 뿌리가 없어서 말라 버렸다.

Other seed fell among thorns, which grew up and choked the plants.

또 다른 씨는 가시덤불에 떨어졌는데, 가시덤불이 자라 무성해져서 싹이 나는 것을 막아 버렸다.

Still other seed fell on good soil, where it produced a crop, a hundred, sixty or thirty times what was sown. He who has ears, let him hear.

그러나 어떤 씨는 좋은 땅에 떨어져 100배, 60배, 30배 열매 맺었다.
귀 있는 사람은 들으라.

▸▸ Thorns(쓴) are the sharp points on some plants and trees, for example on a rose bush.

Listen then to what the parable of the sower means:

이제 씨 뿌리는 사람의 비유를 들어 보라.

When anyone hears the message about the kingdom and does not understand it, the evil one comes and snatches away what

was sown in his heart. This is the seed sown <u>along the path.</u>

하늘나라에 대한 말씀을 들어도 깨닫지 못하면, 악한 자가 와서 그 마음속에 뿌려진 것을 빼앗아 간다. 이것이 바로 길가에 뿌린 씨와 같은 사람이다.

The one who received the seed that fell <u>on rocky places</u> is the man who hears the word and at once receives it with joy. But since he has no root, he lasts only a short time. When trouble or persecution comes because of the word, he quickly falls away.

돌밭에 떨어진 씨는 말씀을 듣자마자 기쁨으로 받아들이지만 뿌리가 없기 때문에 오래가지 못한다. 말씀 때문에 고난이나 핍박이 오면 곧 걸려 넘어진다.

The one who received the seed that fell <u>among the thorns</u> is the man who hears the word, but the worries of this life and the deceitfulness of wealth choke it, making it unfruitful.

또 가시덤불 가운데 떨어진 씨는 말씀은 들었지만 이 세상의 걱정과 돈의 유혹이 말씀을 막아 열매 맺지 못하는 사람이다.

But the one who received the seed that fell <u>on good soil</u> is the man who hears the word and understands it. He produces a crop, yielding a hundred, sixty or thirty times what was sown.

그러나 좋은 땅에 떨어진 씨는 말씀을 듣고 깨닫는 사람이다.
이 사람은 열매를 맺어 100배, 60배, 30배 결실을 낸다.

When he was alone, the Twelve and the others around him asked him <u>about the parables</u>.

예수께서 혼자 계실 때, 열두 제자들과 예수 주변에 있는 사람들이 이 비유에 대해서 여쭈었다.

He told them, "The secret of the kingdom of God has been given to you. But to those on the outside everything is said [122]<u>in parables</u>

[123]예수 : "너희에게는 하나님 나라의 비밀을 알 수 있게 했지만, 밖에 있는 사람들에게는 모든 것이 비유로 주어진다.

<u>so that</u> 'they <u>may</u> be ever seeing but never perceiving, and ever hearing but never understanding; <u>otherwise</u> they might turn and be forgiven!' "

이는 '그들이 보기는 보아도 알지 못하고, 듣기는 들어도 깨닫지 못하게 하여, 돌이켜 용서받지 못하게 하기' 위함이다."

---

122) 예수께서 '비유' 로 설교한 이유는 무엇인가요?
123) 막 4:10, 비유의 목적에 대해 설명

▸▸ otherwise 그렇지 않다면

they might turn and be forgiven!'" 그들은 돌아서서 용서받을 수 있을 텐데

I tell you the truth, the man who does not enter the sheep pen by the gate, but climbs in by some other way, is a thief and a robber.

124)문으로 양 우리를 들어가지 않고, 다른 방식에 의해 기어오르는 자는 도둑이고 강도이다.

▸▸ the man 주어

who does not enter the sheep pen by the gate,

but climbs in by some other way,

is a thief and a robber 동사, 보어, 2형식

The man who enters by the gate is the shepherd of his sheep.

문으로 들어가는 자는 양의 목자이다.

The watchman opens the gate for him, and the sheep listen to his voice. He calls his own sheep by name and leads them out.

문지기가 그를 위해 문을 열고, 양은 그의 목소리를 듣는다. 그는 이름

124) 요 10:1-42, 선한 목자 비유

으로 그 자신의 양을 부르고 그들을 이끈다.

When he has brought out all his own, he goes on ahead of them, and his sheep follow him because they know his voice.

그가 모든 그 자신의 것을 몰고 나갈 때에 그는 앞서서 간다.
그의 양이 그를 따른다. 양들은 그의 목소리를 알기 때문에

But they will never follow a stranger; in fact, they will run away from him because they do not recognize a stranger's voice.

양들은 낯선 자를 따르지 않고, 사실상 양들은 그를 멀리한다.
그들은 낯선 자의 목소리를 인식하지 못하기 때문이다.

Jesus used this figure of speech, but they did not understand what he was telling them.

예수는 은유의 말을 사용했지만
그들은 예수가 그들에게 말한 것을 이해하지 못했다.

Therefore Jesus said again, "I tell you the truth, I am the gate for the sheep.

그러므로 예수는 다시 말했다.

예수 : 진실로 말하노니, 나는 양을 위한 문이다.

All who ever came before me were thieves and robbers, but the sheep did not listen to them.

나 이전에 온 모든 자는 도둑이고 강도이다. 양은 그들의 말을 들으려 하지 않았다.

I am the gate; whoever enters through me will be saved. He will come in and go out, and find pasture.

나는 문이고, 누구든지 나를 통해 들어오는 자는 구원받을 것이다.
그는 들어오고 나갈 것이고 목초지를 발견할 것이다.

The thief comes only to steal and kill and destroy; I have come that they may have life, and have it to the full.

도둑은 단지 훔치고 죽이고 파괴하기 위하여 온다. 나는 그들이 생명을 갖고, 가득하게 생명을 갖게 하기 위하여 왔다.

I am the good shepherd. The good shepherd lays down his life for the sheep.

나는 좋은 목자이다. 좋은 목자는 그의 목숨을 양들을 위해 놓는다.

The hired hand is not the shepherd who owns the sheep. So when he sees the wolf coming, he abandons the sheep and runs away. Then the wolf attacks the flock and scatters it.

고용된 손(삯꾼)은 양을 소유하는 목자가 아니다. 그래서 그는 늑대가 오는 것을 보고서는 양을 버리고 도망간다. 그러면 늑대가 양떼를 공격하고 흩트려 놓는다.

The man runs away because he is a hired hand and cares nothing for the sheep.

그는 삯꾼이기 때문에 도망가고 양들을 위해 아무것도 개의치 않는다.

I am the good shepherd; I know my sheep and my sheep know me,

[125]나는 좋은 목자이며, 나는 나의 양을 알고 나의 양은 나를 안다.

just as the Father knows me and I know the Father, and I lay down my life for the sheep.

아버지가 나를 알듯이 나는 아버지를 안다. 나는 나의 생명을 양을 위해 내어놓는다.

125) 상호 인식

I have other sheep that are not of this sheep pen. I must bring them also. They too will listen to my voice, and there shall be <u>one flock and one shepherd</u>.

나는 이 양 우리의 것이 아닌 다른 양을 갖고 있다. 나는 그들도 또한 데리고 가야 한다. 그들은 또한 나의 목소리를 들을 것이다. 한 양떼에 한 목자가 있을 것이다.

No one takes it from me, but I lay it down of my own accord. I have authority to lay it down and authority to take it up again. This command I received from my Father.

어느 누구도 생명을 나로부터 빼앗을 수는 없다. 나 자신의 의지에 의해 놓는다. 나는 생명을 놓을 권한을 가지고 있고, 다시 생명을 위로 놓을 권한이 있다. 이러한 권한을 나는 나의 아버지로부터 받았다.

▸▸ <u>This command</u> 목적어 도치
<u>I received</u> 주어, 동사, 3형식
from my Father.

Who is my neighbor?

[126]누가 나의 이웃입니까?

---

126) 눅 10:29-37, 선한 사마리아인 비유. 『예수의 역사적 초상』 pp. 104-111 참조

In reply Jesus said: "A man was going down from Jerusalem to Jericho, when he fell into the hands of robbers. They stripped him of his clothes, beat him and went away, leaving him half dead.

예수 : 강도를 당해 반죽음된 한 남자가 있었다.

▸▸ They stripped him of his clothes, 박탈의 전치사 of

beat him and went away,

leaving him half dead. = and they left him -

A priest happened to be going down the same road, and when he saw the man, he passed by on the other side. So too, a Levite, when he came to the place and saw him, passed by on the other side.

[127]사제와 레위인은 그냥 지나쳤다.

But a Samaritan, as he traveled, came where the man was; and when he saw him, he took pity on him. He went to him and bandaged his wounds, pouring on oil and wine. Then he put the man on his own donkey, took him to an inn and took care

---

127) 제사장과 레위인들은 정결 제도를 충실히 지키기 위해서 강도 만나 피 흘리며 죽어가는 사람을 돕지 못한 것. 형식에 빠진 율법을 비판하고 예수는 진리를 알면 진리가 너희를 자유케 하리라고 선포했다. 요 8:32, "you will know the truth, and the truth will set you free."

of him. The next day he took out two silver coins and gave them to the innkeeper. 'Look after him,' he said, 'and when I return, I will reimburse you for any extra expense you may have.'

사마리아인은 그를 돌봐 주었다.

▸▸ reimburse 보상하다

"Which of these three do you think was a neighbor to the man who fell into the hands of robbers?" The expert in the law replied, "The one who had mercy on him." Jesus told him, "Go and do likewise."

[128)]예수 : 가서 그와 같이 행하라.

For the kingdom of heaven is like a landowner who went out early in the morning to hire men to work in his vineyard.

[129)]예수 : "하늘나라는 자신의 포도밭에서 일할 일꾼을 찾으려고 아침 일찍 나간 주인과 같다.

128) 예수는 이웃을 진정하게 사랑하는 길은 어려움에 처한 이웃에게 가서 아무 조건 없이 사마리아인과 같이 선행을 행하는 길이라고 분명히 강조했다. "내 말을 듣고 실천하는 자는 바위 위에 집을 짓는 자와 같다."

129) 마 20:1-16, 포도원 일꾼. 일꾼들은 자신들이 하지 않은 일에 대한 품삯까지 받았다. 천국은 지상의 나라와 다르다. 하나님은 자상한 분이시다. 『예수의 역사적 초상』 pp. 101-104 참조

He agreed to pay them a denarius for the day and sent them into his vineyard.

그는 일꾼들에게 하루 품삯으로 한 데나리온을 주기로 하고, 그 일꾼들을 포도밭으로 보냈다.

About the third hour he went out and saw others standing in the marketplace doing nothing.

주인이 오전 9시쯤에 다시 시장에 나갔다가 거기서 빈둥거리며 서 있는 사람들을 보았다.

He told them, 'You also go and work in my vineyard, and I will pay you whatever is right.' So they went.

주인 : '당신들도 포도밭에 가서 일하시오. 적당한 품삯을 주겠소.'

He went out again about the sixth hour and the ninth hour and did the same thing.

주인이 다시 낮 12시와 오후 3시쯤에 나갔다. 그리고 똑같이 말했다.

About the eleventh hour he went out and found still others standing around. He asked them, 'Why have you been standing here all day long doing nothing?'

또 오후 5시쯤에도 시장에 나가
주인 : '왜 당신들은 하루 종일 빈둥거리며 서 있습니까?'

'Because no one has hired us,' they answered.

그들 : '아무도 우리에게 일자리를 주지 않았습니다.'

He said to them, 'You also go and work in my vineyard.'

주인 : '당신들도 나의 포도밭에 가시오.'

When evening came, the owner of the vineyard said to his foreman, 'Call the workers and pay them their wages, beginning with the last ones hired and going on to the first.'

주인 : '일꾼들을 불러 마지막에 온 사람부터 맨 처음에 왔던 사람까지 품삯을 주어라.'

The workers who were hired about the eleventh hour came and each received a denarius.

오후 5시에 고용된 일꾼들이 와서, 각각 한 데나리온씩을 받았다.

So when those came who were hired first, they expected to receive more. But each one of them also received a denarius.

이제 맨 처음에 고용되었던 일꾼들이 왔다. 그들은 더 많은 품삯을 받게 될 것이라고 기대했지만, 그들도 한 데나리온씩을 받았다.

When they received it, they began to grumble against the landowner. 'These men who were hired last worked only one hour,' they said, 'and you have made them equal to us who have borne the burden of the work and the heat of the day.'

일꾼 : '저 사람들은 겨우 한 시간밖에 일하지 않았는데, 하루 종일 뙤약볕 아래서 수고한 우리들과 똑같이 취급하는군요.'

But he answered one of them, 'Friend, I am not being unfair to you. Didn't you agree to work for a denarius?

주인 : '친구여, 나는 당신에게 잘못한 것이 없소. 당신들은 한 데나리온을 받기로 나와 약속하지 않았소?

Take your pay and go. I want to give the man who was hired last the same as I gave you.

당신 것이나 가지고 돌아가시오. 나는 나중 사람에게도 당신과 똑같이 주고 싶소.

Don't I have the right to do what I want with my own money? Or are you envious because I am generous?'

내 것을 가지고 내 뜻대로 하는 것이 무슨 잘못이오? 내가 자비로운 사람이라서 당신의 눈에 거슬리오?'

So the last will be first, and the first will be last.

꼴찌가 첫째가 되고, 첫째가 꼴찌가 될 것이다.

Jesus told his disciples: [130]"There was a rich man whose manager was accused of wasting his possessions.

예수 : 부자가 있었다. 그의 재산을 낭비한다고 그의 청지기가 고소당한

So he called him in and asked him, 'What is this I hear about you? Give an account of your management, because you cannot be manager any longer.'

부자 : 너는 더 이상 청지기가 될 수 없다.

The manager said to himself, 'What shall I do now? My master is taking away my job. I'm not strong enough to dig, and I'm ashamed to beg.

---

130) 눅 16:1-13, 불의한 청지기 비유. 『예수의 역사적 초상』 pp. 111-118 참조.
'어떤 부자가 있었다.' 로 시작하는 비유는 부자와 거지 나사로(눅 16:19-31), 어리석은 부자(눅 12:16-21) 가 있다.

청지기 : 무엇을 해야 하나? 주인이 나의 직업을 빼앗으려고 한다. 나는 땅을 파기에는 강하지 못하고 구걸할 수도 없다.

I know what I'll do so that, when I lose my job here, people will welcome me into their houses.' So he called in each one of his master's debtors. He asked the first, 'How much do you owe my master?'

청지기 : 주인에게 얼마나 빚을 지고 있느냐?

'Eight hundred gallons of olive oil', he replied. The manager told him, 'Take your bill, sit down quickly, and make it four hundred.'

[131]빚진 자 : 800갤런의 올리브기름
청지기 : 400으로 해주마.

▸▸ bill 계산서, 청구서

Then he asked the second, 'And how much do you owe?' 'A thousand bushels of wheat,' he replied.

빚진 자 : 1000되의 밀

---

131) 청지기 몫인 이자를 탕감해 주었다는 견해! 덕분에 빚진 자는 원금만 갚으면 되었다. quickly의 의미에서 무언가 나쁜 일을 꾸미는 느낌!

▸▸ bushel 부셜, 양의 단위

He told him, 'Take your bill and make it eight hundred.'

청지기 : 800되로

The master commended the dishonest manager because he had acted shrewdly.

[132]주인은 부정직한 청지기를 칭찬했다. 그가 현명하게 처신했기 때문이다.

▸▸ commend 칭찬하다 shrewdly 현명하게

I tell you, use worldly wealth to gain friends for yourselves, so that when it is gone, you will be welcomed into eternal dwellings.

예수 : 세상의 부를 사용하라, 너 스스로를 위한 친구들을 만들 수 있게. 부가 없어졌을 때 영원한 거주지에서 환영받을 수 있도록

Now a man came up to Jesus and asked, "Teacher, what good thing must I do to get eternal life?"

---

132) 주인이 청지기를 칭찬한 이유는? shrewdly 약삭빠르게

[133]어떤 사람 : "선생님, 영원한 생명을 얻으려면 어떤 선한 일을 해야 합니까?"

"Why do you ask me about what is good?" Jesus replied. "There is only One who is good. <u>If you want to enter life, obey the commandments.</u>"

예수 : "왜 선한 것에 대해 내게 묻느냐? 선하신 분은 오직 한 분뿐이다. 영원한 생명을 얻고 싶다면, 계명을 지켜라."

"Which ones?" the man inquired.

그 사람 : "어떤 계명을 지켜야 합니까?"

Jesus replied, " 'Do not murder, do not commit adultery, do not steal, do not give false testimony, honor your father and mother,' and 'love your neighbor as yourself.' "

예수 : "살인하지 마라. 간음하지 마라. 도둑질하지 마라. 거짓 증언 하지 마라. 네 부모를 공경해라. 네 이웃을 네 자신처럼 사랑해라."

"All these I have kept," the young man said. "What do I still lack?"

---

133) 마 19:16-30, 부자청년 비유.
부자는 예수의 기준으로는 당시의 율법학자, 종교 지도자들과 마찬가지로 천국에서 냉대 받는 자이다.

그 청년 : “이 모든 것을 지금까지 다 지켜왔습니다. 그밖에 제게 부족한 것이 무엇입니까?”

Jesus answered, “If you want to be perfect, go, sell your possessions and give to the poor, and you will have treasure in heaven. Then come, follow me.”

[134]예수 : “만일 네가 완전해지길 원한다면, 가서 네가 가진 것을 다 팔아 가난한 사람에게 나누어 주어라. 그러면 하늘에서 보물을 얻게 될 것이다. 그런 후에 와서 나를 따르라!”

When the young man heard this, he went away sad, because he had great wealth.

이 말씀을 들은 청년은 매우 슬퍼하며 떠나갔다. 왜냐하면 그가 가진 재산이 너무 많았기 때문이다.

Then Jesus said to his disciples, “I tell you the truth, it is hard for a rich man to enter the kingdom of heaven. Again I tell you, it is easier for a camel to go through the eye of a needle than for a rich man to enter the kingdom of God.”

---

134) 예수는 율법을 형식적으로 지키는 것만으로는 부족하다고 했다. 가난한 자는 복이 있나니, 너희의 부를 주위의 가장 비천한 자들을 위해 사용하면, 너는 가난하게 되는 것이고, 그 일은 곧 나에게 베푼 일이 될 것이다.

예수 : "내가 너희에게 진정으로 말한다. 부자가 하늘나라에 들어가는 것은 어렵다. 다시 너희에게 말한다. 부자가 하나님의 나라에 들어가는 것은 낙타가 바늘구멍에 들어가는 것보다 더 어렵다."

When the disciples heard this, they were greatly astonished and asked, "Who then can be saved?"

제자들 : "그러면 누가 구원을 받을 수 있습니까?"

Jesus looked at them and said, "With man this is impossible, but with God all things are possible."

예수 : "사람은 할 수 없지만, 하나님께서는 모든 것을 하실 수 있다."

Peter answered him, "We have left everything to follow you! What then will there be for us?"

베드로 : "그렇다면 모든 것을 버리고 주님을 따른 저희에게는 무엇이 있겠습니까?"

Jesus said to them, "I tell you the truth, at the renewal of all things, when the Son of Man sits on his glorious throne, <u>you who have followed me will also sit on twelve thrones, judging the twelve tribes of Israel.</u>

예수 : "내가 너희에게 진정으로 말한다. 나를 따라오는 너희들은, 인자가 영광의 보좌에 앉는 새 시대에, 열두 보좌에 앉아 이스라엘 열두 부족을 심판하게 될 것이다.

And everyone who has left houses or brothers or sisters or father or mother or children or fields for my sake will receive a hundred times as much and will inherit <u>eternal life</u>.

나를 위해 집, 형제와 자매, 부모와 자식, 그리고 밭을 버리는 사람은 몇 배로 보상을 받을 것이며, 영원한 생명을 얻을 것이다.

But many who are first will be last, and many who are last will be first.

그러나 첫째가 꼴찌가 되고, 꼴찌가 첫째가 되는 사람이 많을 것이다.

And he told them this parable: "The ground of <u>a certain rich man</u> produced a good crop. He thought to himself, 'What shall I do? I have no place to store my crops.' Then he said, 'This is what I'll do. <u>I will tear down my barns and build bigger ones</u>, and there I will store all my grain and my goods.

[135]부자 : 새 곳간을 지어 모든 나의 곡식과 물건을 저장할 것이다.

135) 눅 12:16-21, 어리석은 부자 비유
부는 하나님으로부터 받은 것이니 현명하게 사용해야 한다.

And I'll say to myself, "You have plenty of good things laid up for many years. Take life easy; eat, drink and be merry." But God said to him, 'You fool! This very night your life will be demanded from you. Then who will get what you have prepared for yourself?'

하나님 : 바로 이 밤에 너의 생명은 끝날 것이다.

There was a rich man who was dressed in purple and fine linen and lived in luxury every day.

136)좋은 옷을 입고 사치스런 삶을 산 부자가 있었다.

At his gate was laid a beggar named Lazarus, covered with sores and longing to eat what fell from the rich man's table.

나사로라는 거지가 있었다.

▸▸ sore 종기

Even the dogs came and licked his sores.

개들이 그의 고름을 핥아 먹었다.

---

136) 눅 16:19-31, 부자와 거지 나사로 비유

▸▸ lick 핥다

The time came when the beggar died and the angels carried him to Abraham's side. The rich man also died and was buried.

거지와 부자가 죽었다.

In hell, where he was in torment, he looked up and saw Abraham far away, with Lazarus by his side.

부자는 지옥에 갔다.

So he called to him, 'Father Abraham, have pity on me and send Lazarus to dip the tip of his finger in water and cool my tongue, because I am in agony in this fire.'

부자 : 거지 나사로 손가락에 물을 적셔 저의 혀를 식혀 주소서.

But Abraham replied, 'Son, remember that in your lifetime you received your good things, while Lazarus received bad things, but now he is comforted here and you are in agony.

아브라함 : 너는 너의 생애에 좋은 일들을 받았지만, 나사로는 나쁜 일들을 받았다. 지금 그는 안락하게 여기에 있고, 너는 고뇌 속에 있다.

And besides all this, between us and you a great chasm has been fixed, so that those who want to go from here to you cannot, nor can anyone cross over from there to us.'

틈이 있어 건널 수 없다.

▸▸ chasm 캐즘, 틈

He answered, 'Then I beg you, father, send Lazarus to my father's house, for I have five brothers. '

부자 : 나사로를 저의 아버지 집으로 보내 주소서.

Let him warn them, so that they will not also come to this place of torment.

부자 : 이 고통의 장소에 오지 않도록 경고하기 위해.

Abraham replied, 'They have Moses and the Prophets; let them listen to them.'

아브라함 : 모세와 예언자들의 말을 듣도록 해라.

'No, father Abraham,' he said, 'but if someone from the dead goes to them, they will repent.'

부자 : 죽은 자가 그들에게 가면 그들은 회개할 것입니다.

He said to him, 'If they do not listen to Moses and the Prophets, they will not be convinced even if someone rises from the dead.'

아브라함 : 모세와 예언자의 말을 듣지 않는다면, 비록 죽은 자가 가더라도 믿지 않을 것이다.

At that time the kingdom of heaven will be like <u>ten virgins</u> who took their lamps and went out to meet the bridegroom.

[137]예수 : 하늘나라는 등을 들고 신랑을 맞으러 나간, 열 명의 처녀에 빗댈 수 있다.

Five of them were foolish and five were wise. The foolish ones took their lamps but did not take any oil with them.

그 가운데 다섯 명의 처녀는 어리석고, 다섯 명의 처녀는 지혜로웠다. 어리석은 처녀들은 등을 가지고 있었지만 기름이 없었다.

The wise, however, took oil in jars along with their lamps.

지혜로운 처녀들은 등뿐만 아니라 통에 기름까지 넣어 가지고 있었다.

---

137) 마 25:1-13, 열 처녀 비유

The bridegroom was a long time in coming, and they all became drowsy and fell asleep. At midnight the cry rang out: 'Here's the bridegroom! Come out to meet him!'

신랑이 오는 것이 매우 늦어져서, 처녀들은 모두 졸다가 잠이 들었다. 한밤중에 어떤 사람이 소리쳤다. '여보시오. 신랑이 옵니다! 나와서 맞이하십시오!'

Then all the virgins woke up and trimmed their lamps. The foolish ones said to the wise, 'Give us some of your oil; our lamps are going out.'

어리석은 처녀들 : '등불이 꺼져가니, 우리에게 기름을 조금만 나누어 다오.'

'No,' they replied, 'there may not be enough for both us and you. Instead, go to those who sell oil and buy some for yourselves.'

지혜로운 처녀들 : '안 돼! 우리가 함께 쓰기엔 기름이 충분치 않아. 기름 파는 사람에게 가서 사렴.'

But while they were on their way to buy the oil, the bridegroom arrived. The virgins who were ready went in with him to the wedding banquet. And the door was shut.

어리석은 다섯 처녀가 기름을 사러 간 사이에 신랑이 왔다. 준비된 처녀들은 신랑과 함께 결혼 잔치에 들어가고, 문은 닫혀 잠겼다.

Later the others also came. 'Sir! Sir!'they said. 'Open the door for us!'
But he replied, 'I tell you the truth, I don't know you.' Therefore keep watch, because you do not know the day or the hour.

신랑 : 나는 너희를 알지 못한다.' 그러므로 항상 깨어 있어라. 그 까닭은 너희가 그 날과 그 때를 알지 못하기 때문이다.

Jesus told them another parable: "The kingdom of heaven is like a man who sowed good seed in his field."

[138]예수 : 하늘나라는 어떤 사람이 자기 밭에 좋은 씨를 뿌린 것에 비유할 수 있다.

But while everyone was sleeping, his enemy came and sowed weeds among the wheat, and went away.

사람들이 모두 자고 있는 동안 원수가 와서 밀 가운데 가라지를 뿌리고 도망갔다.

---

138) 마 13:24-30, 가라지 비유
밀은 wheat로, 가라지는 weeds로 영역한다. 가라지는 처음 났을 때는 좋은 밀처럼 보이지만, 독이 있고 보호색으로 위장하고 있다.

When the wheat sprouted and formed heads, then <u>the weeds also appeared</u>.

밀이 줄기가 나서 열매를 맺을 때에 가라지도 보였다.

The owner's servants came to him and said, 'Sir, didn't you sow good seed in your field? Where then did the weeds come from?'

종들 : '주인께서는 밭에 좋은 씨를 뿌리지 않으셨습니까? 그런데 도대체 저 가라지가 어디에서 생겨났습니까?'

'An enemy did this,' he replied.

주인 : '원수가 한 짓이다.'

The servants asked him, 'Do you want us to go and pull them up?'

종들 : '저희가 가서 가라지를 뽑아 버릴까요?'

'No,' he answered, 'because while you are pulling the weeds, you may root up the wheat with them. <u>Let both grow together until the harvest</u>.

[139]주인 : '아니다. 가라지를 뽑다가 밀까지 뽑을 수 있으니, 추수할 때까지 둘 다 함께 자라도록 내버려두어라.

At that time I will tell the harvesters: First collect the weeds and tie them in bundles to be burned; then gather the wheat and bring it into my barn.'

[140]추수 때에 내가 일꾼들에게, 먼저 가라지를 모아 단으로 묶어 불태워 버리고, 밀은 모아 내 곳간에 거두어들이라고 하겠다.'

[141]**Now when he saw the crowds, <u>he went up on a mountainside and sat down.</u> His disciples came to him, and he began to teach them, saying:**

예수께서 산 중턱에 앉아서 제자들을 가르치시기 시작했다.

<u>Blessed are the poor in spirit,</u> for theirs is the kingdom of heaven.

[142]영적으로 가난한 자는 복이 있나니, 천국이 그들의 것이기 때문이다.

---

139) 추수 때까지 연기되는 가라지 심판 : 가라지를 뽑다가 곡식까지 뽑을 염려가 있기 때문이다.

140) 마지막 심판 때 양과 염소를 구분하듯이, 이웃의 가장 비천한 자에게 한 일들로 평가받아 천국과 영원한 지옥의 구분을 받을 것이다.

141) 마 5:1-48, 그리스도 대헌장, 산상수훈 1

142) 8복 : 영적으로 가난한 자는 자신을 비우고 자신의 마음에 하나님을 담는다.

▸▸ Blessed 보어의 도치

are the poor in spirit, 동사, 주어, 2형식

for 왜냐하면

theirs 보어의 도치

is the kingdom of heaven. 동사, 주어, 2형식

Blessed are those who mourn, for they will be comforted.

[143]애통해 하는 자는 복이 있나니, 위로를 받을 것이기 때문이다.

Blessed are the meek, for they will inherit the earth.

유순한 자는 복이 있나니, 그들은 땅을 물려받을 것이기 때문이다.

▸▸ meek 유순한, inherit 유산 상속하다, 물려받다

Blessed are those who hunger and thirst for righteousness, for they will be filled.

의에 굶주리고 목마른 자는 복이 있나니, 그들은 채워질 것이기 때문이다.

Blessed are the merciful, for they will be shown mercy.

143) 불의를 보고 애통해 하는 자!

자비로운 자는 복이 있나니, 그들은 자비를 보게 될 것이기 때문이다.

Blessed are <u>the pure in heart</u>, for they will see God.

마음이 순수한 자는 복이 있나니, 그들은 하나님을 볼 것이기 때문이다.

Blessed are <u>the peacemakers,</u> for they will be called sons of God.

평화를 만드는 자는 복이 있나니, 그들은 하나님의 아들이라고 불릴 것이기 때문이다.

Blessed are <u>those who are persecuted because of righteousness,</u> for theirs is the kingdom of heaven.

의 때문에 박해당하는 자는 복이 있나니, 천국이 그들의 것이기 때문이다.

Blessed are <u>you</u> when people insult you, persecute you and falsely say all kinds of evil against you because of me.

[144]사람들이 나로 인해 너희들을 모욕하고 박해하고
온각 종류의 악을 거짓으로 말할 때 너희는 복이 있다.

144) 마 5:11, 일반적인 사항을 이야기한 후, 이제부터는 you라고 하며 직접 제자들에게 설교하고 있다.

▸▸ insult 모욕하다

Rejoice and be glad, because great is your reward in heaven, for in the same way they persecuted the prophets who were before you.

기뻐하고 즐거워하라, 하늘에서의 너의 보상이 클 것이기 때문이고, 똑같은 방법으로 그들은 너희들 앞에 있었던 선지자들을 박해했기 때문이다.

You are the salt of the earth. But if the salt loses its saltiness, how can it be made salty again? It is no longer good for anything, except to be thrown out and trampled by men.

145)너희들은 땅의 소금이다. 소금이 짠맛을 잃으면 어떻게 다시 소금이 될 것인가? 더 이상 이롭지 않고 사람들에 의해 던져져 짓밟히게 된다.

You are the light of the world. A city on a hill cannot be hidden. Neither do people light a lamp and put it under a bowl. Instead they put it on its stand, and it gives light to everyone in the house.

146)너희들은 세상의 빛이다. 언덕 위에 있는 도시는 숨겨질 수 없다. 사

145) 8복을 받은 자들은 이 세상에서 소금 역할을 해야 한다.
146) 8복을 받은 자들은 이 땅의 빛이니 선행을 베풀어라.

람들은 램프에 불을 붙여서 사발 아래 놓지 않는다. 대신에 그들은 스탠드에 놓고 집에 있는 모든 사람에게 빛을 준다.

In the same way, let your light shine before men, that they may see your good deeds and praise your Father in heaven.

똑같은 방법으로 너의 빛이 사람들 앞에 비추도록 하라, 그들이 너의 선행을 보고 하늘에 계신 하나님을 칭송할 수 있도록.

▸▸ let your light shine before men, 사역동사 let, 목적어, 원형 shine, 5형식
that they may see your good deeds -하도록

Do not think that I have come to abolish the Law or the Prophets;
I have not come to abolish them but to fulfill them.

[147]나는 율법이나 예언서를 폐지하려고 온 것이 아니라, 완성하기 위해 왔다.

▸▸ abolish 폐지하다, Law 율법, the Prophets 예언서들, fulfill 완성하다

Anyone who breaks one of the least of these commandments

147) 마 5:17, 예수는 유대교에 따라 할례를 받았고, 모세 5경을 공부했다. 구약과 신약의 관계, 유대교와 예수 그리스도와의 관계는 아직도 논의되고 있는 사안이다. 예수는 안식일에 대한 새로운 해석 등을 통해 형식화된 율법을 완성시킨 것이다.

and teaches others to do the same will be called <u>least</u> in the kingdom of heaven, but whoever practices and teaches these commands will be called <u>great</u> in the kingdom of heaven.

계명을 지키지 않는 자는 천국에서 가장 하찮다고 불릴 것이고, 계명을 실행하는 자는 천국에서 위대하다고 불릴 것이다.

▸▸ commandment 계명, least 하찮은,

▸▸ <u>whoever</u> practices and teaches these commands 누구나
will be called <u>great</u> 위대하다고 불릴 것이다.
in the kingdom of heaven.

For I tell you that <u>unless</u> your righteousness surpasses that of the Pharisees and the teachers of the law, you will certainly not enter the kingdom of heaven.

너의 의로움이 바리새인이나 율법 선생의 의로움을 능가하지 않는다면, 너는 틀림없이 천국에 들어가지 못할 것이다.

▸▸ surpass 능가하다

▸▸ <u>unless</u> <u>your righteousness surpasses</u> 주어, 동사
<u>that</u> of the Pharisees and the teachers of the law, 목적어
you will certainly not enter the kingdom of heaven.

You have heard that it was said to the people long ago, '<u>Do not</u>

murder, and anyone who murders will be subject to judgment.'

살인하지 말라, 누구든지 살인하는 자는 심판받을 것이다.

▸▸ subject 지배받는

Again, anyone who says to his brother, 'Raca,' is answerable to the Sanhedrin. But anyone who says, 'You fool!' will be in danger of the fire of hell.

[148]그의 형제에게 '라카'라고 말하는 누구나 공의회에서 대답한다. 그러나 단순히 어리석음이라고 말하는 누구도 지옥의 불에 떨어질 위험에 있을 것이다.

▸▸ Raca 바보천치 idiot, answerable 대답해야 하는, Sanhedrin 공회(재판하고 죽일 수 있는 권한)

Therefore, if you are offering your gift at the altar and there remember that your brother has something against you, leave your gift there in front of the altar. First go and be reconciled to your brother; then come and offer your gift.

그러므로 만약에 너희가 제단에 선물을 제공하고, 너의 형제가 너에 대

148) 살인이 아니라 형제에게 단지 바보라고 말해도 천벌을 받을 것이다.

한 반감을 가진 것을 기억한다면, 너의 선물을 제단 앞에 놓아두고 먼저 가서 너의 형제와 화해한 후 와서 너의 선물을 제공하라.

▸▸ altar 제단, reconcile 화해시키다

▸▸ First go 먼저 가라

and be reconciled to your brother; 너의 형제와 화해하라

then come 와서

and offer your gift. 너의 선물을 제공하라

You have heard that it was said, 'Do not commit adultery.' But I tell you that anyone who looks at a woman lustfully has already committed adultery with her in his heart.

[149]말해지는 것을 들어왔다. "간음하지 말라." 그러나 여인을 음흉스럽게 쳐다보는 어느 누구도 이미 그의 마음에서 그녀와 간음을 범했다고 나는 너희에게 말한다.

▸▸ commit 범하다, adultery 간통, lustfully 음흉하게

▸▸ anyone 주어

who looks at a woman lustfully

has already committed adultery 동사, 목적어, 3형식

with her in his heart.

149) '간음' 에 대한 예수의 입장은 무엇인가요?

It has been said, 'Anyone who divorces his wife must give her a certificate of divorce.' But I tell you that anyone who divorces his wife, except for marital unfaithfulness, causes her to become an adulteress, and anyone who marries the divorced woman commits adultery.

[150]말해져 왔다. "그의 아내와 이혼하는 누구도 그녀에게 이혼의 증명서를 주어야만 한다." 그러나 나는 너희에게 말한다. 결혼 불성실을 제외하고 그의 아내와 이혼하는 누구도 그녀가 간음녀가 되도록 원인을 제공한 것이고, 이혼한 여자와 결혼하는 누구도 간음을 범한 것이다.

▸▸ divorce 이혼하다, certificate 증명서, marital 결혼의, unfaithfulness 불성실, adulteress 간음한 여자 (adulterer 남자)

▸▸ Anyone 주어

who divorces his wife

must give her 동사, 목적어

a certificate of divorce. 목적어, 4형식

Again, you have heard that it was said to the people long ago, 'Do not break your oath, but keep the oaths you have made to the Lord.'

150) 이혼은 원칙적으로 불허한다. 모세가 이혼을 허용하여 이혼의 증명서를 준 것은, 그 당시 시대상황상 이혼을 허용하지 않으면 여자가 죽임을 당하는 현실을 타파하기 위해서 임시방편적으로 허용한 것이다. 시대가 바뀐 예수 시대에 있어서는 예수는 원칙적으로 이혼을 허용하지 않았다.

다시, 너희들은 말해지는 것을 들어왔다. 151)"너의 맹세를 깨지 말고 네가 주님에게 한 맹세를 지켜라."

* 'Do not break your oath, 맹세를 깨지 말라, 명령문 not

but keep the oaths 맹세를 지켜라, but

But I tell you, Do not swear at all: either by heaven, for it is God's throne; or by the earth, for it is his footstool; or by Jerusalem, for it is the city of the Great King.

그러나 나는 너희에게 말한다. 전혀 맹세하지 마라. 하늘은 하나님의 왕관이고, 땅은 발판이고, 예루살렘은 위대한 왕의 도시이니, 전혀 맹세하지 마라.

And do not swear by your head, for you cannot make even one hair white or black.

머리에도 맹세하지 마라, 왜냐하면 너는 단지 머리카락 한 올일지라도 하얗게 혹은 검게 만들 수 없기 때문이다.

▸▸ you cannot make even one hair white or black.

make+목+목보, 목적어를 -하게 만들다, 5형식

---

151) '맹세' 에 대한 예수의 입장은 무엇인가요?

Simply let your 'Yes' be 'Yes,' and your 'No,' 'No'; anything beyond this comes from the evil one.

단순히 너의 긍정은 긍정으로, 부정은 부정으로 놔두어라. 이 이상의 어느 것도 사악한 것으로부터 온다.

▸▸ Simply let your 'Yes' be 'Yes,'

and your 'No,' 'No';

You have heard that it was said, 'Eye for eye, and tooth for tooth.'

너는 말해지는 것을 들어왔다, [152]"눈에는 눈, 이에는 이."

But I tell you, Do not resist an evil person. If someone strikes you on the right cheek, turn to him the other also. And if someone wants to sue you and take your tunic, let him have your cloak as well.

나는 너희에게 말한다. 나쁜 사람에게 저항하지 마라. [153]만약 어떤 사람이 너의 오른쪽 빰을 치면 다른 쪽도 또한 돌려라. 그리고 만약에 어떤 사람이 너를 고소해 너의 속옷을 원하면, 또한 너의 외투도 주어라.

▸▸ resist 저항하다, sue 고소하다, tunic 속옷

---

152) 율법의 '눈에는 눈, 이에는 이' 사상에 대한 예수의 입장은 무엇인가요?

153) 예수는 왜 위와 같은 입장을 취한 것인가요?

If someone forces you to go one mile, go with him two miles. Give to the one who asks you, and do not turn away from the one who wants to borrow from you.

만약에 어떤 사람이 1마일 가자고 너에게 강요하면, 그와 2마일을 가라. 너에게 요청하는 사람에게 주어라, 그리고 너로부터 빌리기를 원하는 그 사람으로부터 등을 돌리지 마라.

You have heard that it was said, '<u>Love your neighbor and hate your enemy.</u>'

너는 말해지는 것을 들어왔다. "너의 이웃을 사랑하고 너의 적을 미워하라."

But I tell you: Love your enemies and pray for those who persecute you, that you may be sons of your Father in heaven.

그러나 나는 너희에게 말한다. 너의 적을 사랑하라, 너를 박해하는 자를 위해 기도하라, 네가 하늘의 너의 아버지의 아들이 될 수 있도록.

He causes his sun to rise on the evil and the good, and sends rain on the righteous and the unrighteous.

하나님은 그의 태양을 악한 자나 선한 자 위에 떠오르게 하신다. 그리고 비를 의로운 자들이나 의롭지 아니한 자들에게도 똑같이 보내신다.

▸▸ the righteous 의로운 자들, the unrighteous 불의한 자들

If you love those who love you, what reward will you get? Are not even the tax collectors doing that?

만약에 네가 너를 사랑하는 사람을 사랑한다면, 어떤 보답을 얻을 수 있는가? 세리들조차도 그와 같은 일을 하고 있지 않느냐?

And if you greet only your brothers, what are you doing more than others? Do not even pagans do that?

만약에 네가 단지 너의 형제들만 반가워한다면, 무엇을 너는 다른 자보다 더 하고 있는 것인가? 이방인들조차도 그렇게 하지 않느냐?

▸▸ greet 반가워하다, pagan 이교도

Be perfect, therefore, as your heavenly Father is perfect.

너의 하늘의 아버지가 온전한 것처럼 온전하라.

Be careful not to do your 'acts of righteousness' before men, <u>to be seen by them</u>. If you do, you will have no reward from your Father in heaven.

[154]너의 의로운 행동이 사람들 앞에서 행해지지 않도록 조심하라. 사람들 앞에서 행한다면 너는 하늘에 계신 아버지로부터 보상이 이루어지지 않을 것이다.

But when you give to the needy, do not let your left hand know what your right hand is doing, so that your giving may be in secret. Then your Father, who sees what is done in secret, will reward you.

[155]네가 가난한 자에게 줄 때 너의 왼손이 너의 오른손이 한 일을 알지 못하게 하라. 너의 선행이 비밀로 될 수 있게, 그러면 네가 비밀로 한 것을 아는 너의 아버지가 너에게 보답을 줄 것이다.

▸▸ when you give to the needy, 너희가 가난한 자들에게 줄 때

do not let your left hand know 5형식

what your right hand is doing, 너희 오른손이 한 일을

But when you pray, go into your room, close the door and pray to your Father, who is unseen. Then your Father, who sees what is done in secret, will reward you.

그러나 네가 기도할 때 너의 방으로 들어가 문을 닫고 너의 보이지 않

154) 마 6:1-34, 산상수훈 2
155) 마 6:2, 너의 왼손이 너의 오른손이 한 선행을 모르게 하라.

는 아버지에게 기도하라. 그러면 네가 비밀로 행한 것을 보신 너의 아버지가 너에게 보답할 것이다.

And when you pray, do not keep on babbling like pagans, for they think they will be heard because of their many words.

기도할 때 이교도처럼 계속적으로 쫑알거리지 마라, 왜냐하면 그들은 그들의 많은 말 때문에 들린다고 생각하기 때문이다.

▸▸ babble 쫑알거리다

Do not be like them, for your Father knows what you need before you ask him.

그들과 같이 되지 마라, 왜냐하면 너의 아버지는 네가 구하기 전에 네가 필요한 것을 아시기 때문이다.

<u>This, then, is how you should pray</u>:

[156]이것이 너희들이 기도하는 방법이다.

'Our Father in heaven, hallowed be your name, your kingdom come, your will be done on earth as it is in heaven.

---

156) 마 6:9, 주기도문

하늘에 계신 우리 아버지여, 당신의 이름을 거룩하게 하고, 당신의 왕국이 오게 하소서, 당신의 뜻이 하늘에서 이루어진 것처럼 땅에서도 이루어지도록 하소서.

▸▸ hallow 신성하게 하다, will 뜻

Give us today our daily bread.

우리에게 오늘 우리의 양식을 주소서.

Forgive us our debts, as we also have forgiven our debtors.

우리에게 우리의 빚을 용서하소서, 우리가 또한 우리에게 빚진 자를 용서하듯이.

▸▸ forgive 용서하다, debtor 채무자 (creditor 채권자)

And lead us not into temptation, but deliver us from the evil one.

우리가 유혹에 빠지지 않게 우리를 인도하시고, 악으로부터 우리를 구하소서.

▸▸ temptation 유혹, deliver 구원하다

For if you forgive men when they sin against you, your heavenly Father will also forgive you. But if you do not forgive men their sins, your Father will not forgive your sins.

만약에 네가 너에게 죄를 지은 자를 용서한다면, 너의 하늘에 계신 아버지가 또한 너를 용서할 것이요. 그러나 네가 그들의 죄를 용서하지 않는다면, 너의 아버지도 너의 죄를 용서하지 않을 것이다.

▸▸ For if you forgive men when they sin against you,

조건문, if 현재가 미래를 대신한다.

your heavenly Father will also forgive you. 주절은 미래형

Do not store up for yourselves treasures on earth, where moth and rust destroy, and where thieves break in and steal.

너 스스로를 위해 땅의 보물을 축적하지 마라, 나방과 녹이 망가뜨리고 도둑이 부수고 훔치는 곳인.

* store up 축적하다, treasure 보물, moth 나방, rust 녹

But store up for yourselves treasures in heaven, where moth and rust do not destroy, and where thieves do not break in and steal. For where your treasure is, there your heart will be also.

하늘에 보물을 축적하라, 거기는 나방이나 녹이 파괴하지 않고, 도둑이

부수고 들어와 훔치지 못하는 곳이다. 너의 보물이 있는 곳에 너의 마음도 또한 있을 것이다.

No one can serve two masters. Either he will hate the one and love the other, or he will be devoted to the one and despise the other. <u>You cannot serve both God and Money.</u>

어느 누구도 두 주인을 섬길 수 없다. 그는 하나를 미워하고 다른 것을 사랑하거나, 하나에 헌신하고 다른 것을 멸시할 것이다. [157]하나님과 돈을 같이 섬길 수는 없다.

Therefore I tell you, do not worry about your life, what you will eat or drink; or about your body, what you will wear. Is not life more important than food, and the body more important than clothes?

그러므로 내가 너희에게 말하노니, 너의 생명에 대해 걱정하지 말라, 무엇을 먹고 마시는 것인, 너의 신체에 대해 걱정하지 말라, 무엇을 입을 것인가를, 생명이 음식보다 더 중요하고 신체가 옷보다 더 중요하지 않은가?

Look at the birds of the air; they do not sow or reap or store away in barns, and yet your heavenly Father feeds them. Are

---

157) 마 6:24, 예수는 부자를 경멸했다. 여기서 부자는 정당하지 못한 수단으로 부를 축적한 자를 가리킨다. 부자 청년 비유! 부자가 천국 가기는 낙타가 바늘구멍을 통과하기보다도 더 어렵다. 모든 것을 버리고 나를 따르라.

you not much more valuable than they?

하늘의 새들을 보라, 그들은 씨 뿌리고 거두고 곳간에 저장하지 않음에도 너의 하늘에 계신 아버지가 그들을 먹인다. 너는 새들보다 더 소중하지 않은가?

▸▸ sow 씨 뿌리다, reap 거두어들이다, barn 곳간

Who of you by worrying can add a single hour to his life?

너희들 중 어느 누구가 걱정함으로써 생에 한 시간이라도 더할 수 있는가?

▸▸ Who of you by worrying 의문문. 너희들 중 누가 걱정함에 의해

And why do you worry about clothes? See how the lilies of the field grow. They do not labor or spin. Yet I tell you that not even Solomon in all his splendor was dressed like one of these.

그리고 왜 너는 옷에 관해 걱정하느냐? 들판의 백합이 어떻게 자라는가 보라, 그들은 노동하거나 직물을 짜지 않는다. 그럼에도 나는 너희에게 말한다. 모든 그의 영광 속에 있는 솔로몬조차도 이들의 하나와 같은 옷을 입지는 못했다.

▸▸ spin 실을 짜다, splendor 영광

If that is how God clothes the grass of the field, which is here today and tomorrow is thrown into the fire, will he not much more clothe you, O you of little faith?

이것이 오늘은 여기에 있다가 내일이 되면 불 속에 던져지는 그 들판의 풀도 그렇게 입히신다면, 하나님은 너를 더욱 옷 입히시지 않겠느냐, 믿음이 없는 자들이여?

▸▸ cloth 옷을 입히다

So do not worry, saying, 'What shall we eat?' or 'What shall we drink?'
or 'What shall we wear?' For the pagans run after all these things, and your heavenly Father knows that you need them.

그리하여 무엇을 입고 마시고 입을 것인가 말하면서 걱정하지 마라. 이방인들은 이것들을 추구하지만, 너의 하늘의 아버지는 네가 그들을 필요로 하고 있다는 것을 안다.

▸▸ run after 추구하다

But <u>seek first his kingdom and his righteousness</u>, and all these things will be given to you as well.

[158]먼저 그의 왕국과 그의 의를 구하라, 그러면 모든 이것들이 또한 너에게 주어질 것이다.

▸▸ But seek first his kingdom and his righteousness, 명령문, 구하라
and all these things will be given to you as well. 그러면, 수동태

Therefore do not worry about tomorrow, for tomorrow will worry about itself. Each day has enough trouble of its own.

그러므로 내일에 관하여 걱정하지 말라, 왜냐하면 내일은 스스로 걱정할 것이요, 각자 날은 그 자체로 충분한 곤란이 있다.

Do not judge, or you too will be judged. For in the same way you judge others, you will be judged, and with the measure you use, it will be measured to you.

[159]판단하지 말라, 그렇지 않으면 너도 또한 판단 받을 것이다. 네가 다른 사람들을 판단하는 똑같은 방법으로 너는 판단 받을 것이다. 네가 사용하는 수단으로 너에게 수단이 될 것이다.

▸▸ Do not judge, 명령문
or you too will be judged. 그렇지 않으면

---

158) 마 6:33
159) 마 7:1-29, 산상수훈 3

Why do you look at the speck of sawdust in your brother's eye and pay no attention to the plank in your own eye?

[160]너는 너의 형제 눈의 톱밥의 조그마한 반점을 보면서도, 너 자신의 눈 안에 있는 큰 널빤지에 신경을 쓰지 않느냐?

▸▸ speck 얼룩, 반점, sawdust 톱밥, plank 널빤지

How can you say to your brother, 'Let me take the speck out of your eye,' when all the time there is a plank in your own eye?

어떻게 너는 너의 형제에게 말할 수 있겠는가, 너의 눈의 반점을 빼줄게, 너의 자신의 눈에는 널빤지가 있으면서?

▸▸ 'Let me take the speck 사역동사의 5형식

You hypocrite, first take the plank out of your own eye, and then you will see clearly to remove the speck from your brother's eye.

위선자야, 먼저 너의 눈으로부터 널빤지를 꺼내고 나면, 너는 너의 형제의 눈으로부터 반점을 제거할 수 있도록 명확히 볼 수 있을 것이다.

▸▸ You hypocrite,

---

160) 남을 탓하기 전에 나 자신을 성찰하라.

first take the plank out of your own eye, 명령문

and then you will see clearly 그러면

to remove the speck from your brother's eye.

제거하기 위해. 부정사의 부사적 용법(목적)

Do not give dogs what is sacred; do not throw your pearls to pigs. If you do, they may trample them under their feet, and then turn and tear you to pieces.

[161]개에게 신성한 것을 주지 말라, 너의 진주를 돼지에게 던지지 말라, 만약에 네가 그렇게 한다면, 그들은 발아래 짓밟고 던져서 너를 조각으로 찢어 버린다.

▸▸ sacred 신성한(반의어는 profane), trample 짓밟다, tear(테어) 찢다

Ask and it will be given to you; seek and you will find; knock and the door will be opened to you.

[162]요청하라, 그러면 너에게 주어질 것이다, 구하라 그러면 너는 발견할 것이다, 두드려라, 그러면 문이 너에게 열릴 것이다.

For everyone who asks receives; he who seeks finds; and to him

161) 마 7:6, 회개할 수 없는 자들에게 전도하지 마라. 믿는 자들만이 예수의 기적을 체험할 수 있다.
162) 마 7:7

who knocks, the door will be opened.

요청하는 누구나 받을 것이요, 구하는 자는 발견할 것이요, 두드리는 자에게는 문이 열릴 것이다.

Which of you, if his son asks for bread, will give him a stone? Or if he asks for a fish, will give him a snake?

아들이 빵을 구하는데 너희들 중 어느 누구가 돌을 줄 것인가? 혹은 생선을 요청하는데 뱀을 줄 것인가?

If you, then, though you are evil, know how to give good gifts to your children, how much more will your Father in heaven give good gifts to those who ask him!

네가 악함에도 불구하고 너는 너의 자녀들에게 좋은 선물을 주는 것을 아는데, 하늘에 계신 하나님은 그에게 요청하는 자들에게 좋은 선물을 얼마나 많이 줄 것인가?

So in everything, <u>do to others what you would have them do to you</u>, for this sums up the Law and the Prophets.

[163]그러므로 모든 일에 있어서 네가 그들이 너에게 하게끔 할 것을 남

---

163) 마 7:12

들에게 하라, 왜냐하면 이것이 율법과 예언서의 요약이기 때문이다.

▸▸ do to others 다른 사람들에게 행하라

what you would have them do to you, 너희가 그들이 너희에게 행하게 하는 것을

Enter through the narrow gate. For wide is the gate and broad is the road that leads to destruction, and many enter through it.

164)좁은 문으로 들어가라. 왜냐하면 파멸로 이끄는 대문과 길은 넓기 때문이다.

▸▸ For wide is the gate 보어, 동사, 주어, 2형식, 보어의 도치 강조

But small is the gate and narrow the road that leads to life, and only a few find it.

그 문은 작고 길은 좁다. 생명으로 이끄는, 단지 소수만이 그것을 발견한다.

Watch out for false prophets. They come to you in sheep's clothing, but inwardly they are ferocious wolves.

---

164) 단지 예수의 이름만을 찾아서는 천국에 이를 수 없다. 예수의 말씀을 듣고 실천하는 자만이 천국에 갈 수 있는 것이다. 원수까지도 사랑하라. 가장 미천한 자에게 한 일이 나에게 한 일이다.

[165]거짓된 선지자들을 주의하라, 그들은 양의 옷으로 너에게 오지만, 내부적으로 잔인한 늑대들이다.

▸▸ inwardly 내부적으로는, ferocious 잔인한

By their fruit you will recognize them. Do people pick grapes from thornbushes, or figs from thistles?

그들의 과일로 너희는 그들을 알아볼 것이다. 사람들이 가시나무에서 포도를 따고 엉겅퀴에서 무화과를 따느냐?

▸▸ thistle (씨쓸) 엉겅퀴

Likewise every good tree bears good fruit, but a bad tree bears bad fruit. A good tree cannot bear bad fruit, and a bad tree cannot bear good fruit.

이와 같이 모든 좋은 나무는 좋은 열매를 맺고, 나쁜 나무는 나쁜 열매를 맺는다. 좋은 나무가 나쁜 열매를 맺을 수 없고, 나쁜 나무가 좋은 열매를 맺지 못한다.

Every tree that does not bear good fruit is cut down and thrown into the fire. Thus, by their fruit you will recognize them.

---

165) 예수 시대 '선지자' 에 대해 설명하시오.

좋은 열매를 맺지 못하는 모든 나무는 꺾어져 불 속으로 던져진다. 그러므로 그들의 열매에 의해 너는 그들을 알아볼 것이다.

Not everyone who says to me, 'Lord, Lord,' will enter the kingdom of heaven, but only he who does the will of my Father who is in heaven.

나에게 주님, 주님 하고 말하는 모든 자가 천국에 들어가는 것이 아니고 [166]오직 하늘에 계신 나의 아버지의 뜻을 행하는 자만이 천국에 들어갈 것이다.

▸▸ Not everyone 주어

who says to me, 'Lord, Lord,'

will enter the kingdom of heaven, 동사, 목적어, 3형식

Many will say to me on that day, 'Lord, Lord, did we not prophesy in your name, and in your name drive out demons and perform many miracles?'

많은 자가 나에게 그 날에 말할 것이다. 주님, 주님, 우리는 당신의 이름 속에서 예언하고, 악마를 물리치고, 많은 기적을 행하지 않았습니까?

Then I will tell them plainly, 'I never knew you. Away from me,

166) 마 7:21, 사랑을 실천해야 한다.
누가 천국에 들어갈 수 있는가요?

you evildoers!'

그러면 나는 그들에게 분명히 말할 것이다. 나는 너희를 알지 못한다. 나에게서 물러가라, 악을 행하는 자들아!

Therefore everyone who hears these words of mine and puts them into practice is like a wise man who built his house on the rock.

그러므로 내가 한 이 말들을 듣고 행한 누구나 바위 위에 집을 지은 현명한 사람과 같다.

▸▸ Therefore everyone 주어

who hears these words of mine 나의 말을 듣고

and puts them into practice 실천하는

is like a wise man 현명한 사람이다.

who built his house on the rock.

The rain came down, the streams rose, and the winds blew and beat against that house; yet it did not fall, because it had its foundation on the rock.

비가 내리고 개울이 넘치고 바람이 불어도, 그 집을 때려도 넘어지지 않는다. 왜냐하면 바위 위에 기초를 세웠기 때문이다.

But everyone who hears these words of mine and does not put them into practice is like a foolish man who built his house on sand.

나의 말을 듣고 실천하지 않는 누구나 모래 위에 집을 짓는 어리석은 자와 같다.

The rain came down, the streams rose, and the winds blew and beat against that house, and it fell with a great crash.

비가 내려 개울이 넘치고 바람이 불어 그 집을 때리면, 그 집은 완전히 무너졌다.

▸▸ crash 붕괴

[167]**1 And God spoke all these words:**

2 "I am the LORD your God, who brought you <u>out of Egypt</u>, <u>out of the land of slavery</u>.

3 "You shall have <u>no other gods before me</u>.

너희는 내 앞에서 다른 신들을 섬기지 못한다.

---

167) 출 20:2-17, 십계명 The Ten Commandments

4 “You shall not make for yourself an image

in the form of anything in heaven above

or on the earth beneath

or in the waters below.

너희는 우상을 만들지 못한다.

5 You shall not bow down to them or worship them; for I, the
LORD your God, am a jealous God, punishing the children
for the sin of the parents to the third and fourth generation of
those who hate me,

6 but showing love to a thousand generations of those who love
me and keep my commandments.

7 “You shall not misuse the name of the LORD your God, for
the LORD will not hold anyone guiltless who misuses his name.

너희는 너의 하나님 야훼의 이름을 함부로 부르지 못한다.

8 “Remember the Sabbath day by keeping it holy.

안식일을 기억해 그 날을 거룩하게 지켜라.

9 Six days you shall labor and do all your work,

10 but the seventh day is a sabbath to the LORD your God. On it you shall not do any work, neither you, nor your son or daughter, nor your male or female servant, nor your animals, nor any foreigner residing in your towns.

11 For in six days the LORD made the heavens and the earth, the sea, and all that is in them, but he rested on the seventh day. Therefore the LORD blessed the Sabbath day and made it holy.

12 "Honor your father and your mother,
so that you may live long in the land the LORD your God is giving you.

너희 부모를 공경하라.

13 "You shall not murder.

살인하지 마라.

14 "You shall not commit adultery.

간음하지 마라.

15 "You shall not steal.

도둑질하지 마라.

16 "You shall not give false testimony against your neighbor.

너희 이웃에게 불리한 거짓 증언을 하지 마라.

17 "You shall not covet your neighbor's house.
You shall not covet your neighbor's wife,
or his male or female servant, his ox or donkey,
or anything that belongs to your neighbor."

너희 이웃의 집을 탐하지 마라.

[168]**Do not let your hearts be troubled. Trust in God; trust also in me.**

너의 마음을 고통스럽게 하지 마라. 하나님을 신뢰하고 나도 또한 신뢰하라.

▸▸ Do not let your hearts be troubled. 사역동사, 5형식

In my Father's house are many rooms; if it were not so, I would have told you. I am going there to prepare a place for you.

168) 요 14:1-31 다락방 강화 1

나의 아버지의 집에는 많은 방이 있다. 나는 너희를 위한 장소를 준비하기 위해 거기에 갈 것이다.

And if I go and prepare a place for you, I will come back and take you to be with me that you also may be where I am.

나는 돌아와 너희를 나와 함께 데리고 갈 것이다.

You know the way to the place where I am going.

예수 : 너희는 어디로 내가 가는지, 그 장소에 이르는 길을 알고 있다.

Thomas said to him, "Lord, we don't know where you are going, so how can we know the way?"

도마 : 주님, 우리는 당신이 어디로 가는지 알지 못합니다. 어떻게 우리가 그 길을 알 수 있습니까?

Jesus answered, "I am the way and the truth and the life. No one comes to the Father except through me."

[169]예수 : 나는 길이요 진리이고 생명이다. 나를 통하지 않고서는 어느 누구도 아버지에게로 갈 수 없다.

---

169) 요 14:7, the way 유일한 길. 예수를 믿고 예수의 말씀을 실천해야 천국에 갈 수 있다. 예수는 하나님과 인류를 연결하는 통로라고 믿는 것이 기독교 교리이다.

If you really knew me, you would know my Father as well. From now on, you do know him and have seen him.

예수 : 너희가 나를 진실로 알고자 하면, 너희는 나의 아버지도 또한 알 것이다. 지금부터 너희는 그를 알고 그를 볼 것이다.

Philip said, "Lord, show us the Father."

빌립 : 주님, 아버지를 우리에게 보여주소서.

Jesus answered: "Don't you know me, Philip, even after I have been among you such a long time? <u>Anyone who has seen me has seen the Father</u>. How can you say, 'Show us the Father'?

[170]예수 : 빌립아, 너는 모르느냐? 내가 그렇게 오랫동안 너희와 지냈음에도 불구하고, 나를 보는 누구나 아버지를 보는 것이다.

Don't you believe that I am in the Father, and that the Father is in me?

[171]내가 아버지 안에 있고 아버지는 내 안에 있다.

---

170) 예수와 같이 지낸 제자들도 예수를 이해 못 하고 있는 현실이다.
171) 요 14:10

The words I say to you are not just my own. Rather, it is the Father, living in me, who is doing his work.

내가 너희에게 말하는 말은 내 스스로의 것이 아니라, 오히려 내 안에 계시는 그의 일을 행하는 아버지의 것이다.

▸▸ The words 주어

I say to you

are not just my own. 동사, 보어, 2형식

Rather, it is the Father, 강조

living in me,

who is doing his work.

I tell you the truth, anyone who has faith in me will do what I have been doing.

[172]나를 믿는 누구나 내가 행한 것을 할 것이다.

He will do even greater things than these, because I am going to the Father.

[173]그는 이 일들보다 더 큰 일조차도 할 것이다, 내가 아버지께로 가기

172) 요 14:12

173) 예수는 3년, 팔레스타인 지역이라는 시간적, 공간적 한계를 지니셨다.

때문에.

And I will do whatever you ask in my name, so that the Son may bring glory to the Father.

[174]나는 나의 이름으로 그가 요청하는 무엇이나 행할 것이다, 아들이 아버지에게 영광을 돌릴 수 있도록.

You may ask me for anything in my name, and I will do it.

너희는 나의 이름으로 어떤 것을 위해 나에게 요청할 것이고, 나는 그 것을 행할 것이다.

And I will ask the Father, and he will give you <u>another Counselor</u> to be with you forever,

나는 아버지에게 요청할 것이고, [175]그는 너희에게 너희와 영원히 있을 또 다른 보혜사를 보낼 것이다.

▸▸ I will ask the Father,

and he will <u>give you</u> another Counselor

---

174) 예수 그리스도의 이름으로 기도해야 한다.
175) 진리의 성령. 예수도 보혜사이다.

the Spirit of truth. The world cannot accept him, because it neither sees him nor knows him.

진실의 성령. 세상이 그를 보거나 알지 못하기 때문에 세상은 그를 받아들이지 않을 것이다.

But you know him, for he lives with you and will be in you.

그러나 너희는 그를 안다, 그는 너희와 함께 살고 너희 안에 있을 것이기 때문에.

I will not leave you as orphans; I will come to you.

나는 너희를 고아처럼 남겨 두지는 않을 것이다. 나는 너희들에게 올 것이다.

Before long, the world will not see me anymore, but you will see me. Because I live, you also will live.

머지않아 세상은 나를 다시는 보지 못할 것이다. 그러나 너희는 나를 볼 것이다.

On that day you will realize that I am in my Father, and you are in me, and I am in you.

[176]그 날에 너희는 내가 나의 아버지 안에 있고, 너희는 내 안에 있고, 나는 너희 안에 있다는 것을 깨닫게 될 것이다.

Whoever has my commands and obeys them, he is the one who loves me. He who loves me will be loved by my Father, and I too will love him and show myself to him.

누구나 나의 명령을 듣고 복종하는 자는 나를 사랑하는 자이고, 나를 사랑하는 자는 나의 아버지에 의해 사랑받을 것이다.

Jesus replied, "If anyone loves me, he will obey my teaching."

누구나 나를 사랑하는 자는 나의 가르침에 복종할 것이다.

My Father will love him, and we will come to him and make our home with him.

나의 아버지는 나를 사랑할 것이고, 우리는 그에게 갈 것이다. 우리의 집을 그와 함께 만들 것이다.

All this I have spoken while still with you.

내가 아직 너희와 있는 동안 이 모든 일을 나는 말했다.

---

176) 요 14:20, 하나님, 예수, 나의 일체성이 천국이다.

But the Counselor, the Holy Spirit, whom the Father will send in my name, will teach you all things and will remind you of everything I have said to you.

그러나 보혜사가, 성령, 아버지가 나의 이름으로 보내실, 너희에게 모든 일들을 가르칠 것이고, 너희에게 내가 너희에게 말한 모든 것을 상기시킬 것이다.

Peace I leave with you; my peace I give you. I do not give to you as the world gives. Do not let your hearts be troubled and do not be afraid.

나는 너희에게 나의 평안을 준다. 두려워 말라.

You heard me say, 'I am going away and I am coming back to you.'

나는 가지만 너희에게 되돌아올 것이다.

If you loved me, you would be glad that I am going to the Father, for the Father is greater than I.

너희가 나를 사랑한다면 내가 아버지에게로 가는 것에 기뻐할 것이다, [177]왜냐하면 아버지는 나보다 더 위대하기 때문에.

177) 아들 입장에서 아버지를 높이는 표현!

I have told you now before it happens, so that when it does happen you will believe.

나는 이 일이 일어나기 전에 지금 너희에게 말한다, 이 일이 일어났을 때 너희가 믿을 수 있게.

I am the true vine, and my Father is the gardener.

[178]나는 진정한 포도나무이고 나의 아버지는 정원사이다.

He cuts off every branch in me that bears no fruit, while every branch that does bear fruit he prunes so that it will be even more fruitful.

하나님은 내 안에 있는 열매 맺지 못하는 모든 가지를 자른다. 반면에 열매를 맺는 모든 가지는 더 많은 열매를 맺기 위해 하나님은 다듬는다.

Remain in me, and I will remain in you. No branch can bear fruit by itself; it must remain in the vine. Neither can you bear fruit unless you remain in me.

어느 가지도 그 자체로 열매를 맺을 수 없다. 포도나무 덩굴에 남아 있

178) 요 15:1-27, 다락방 강화 2

어야만 한다. 너희가 내 안에 남아 있지 않으면, 너희는 열매를 맺을 수 없다.

I am the vine; you are the branches. If a man remains in me and I in him, he will bear much fruit; apart from me you can do nothing.

나는 포도나무이고 너희는 가지이다. 인간이 내 안에 남아 있고 내가 그 안에 남아 있다면, 그는 많은 열매를 맺을 것이다. 나와 떨어져서는 너희는 아무것도 할 수 없다.

If anyone does not remain in me, he is like a branch that is thrown away and withers; such branches are picked up, thrown into the fire and burned

내 안에 남아 있지 않는 어느 누구도 던져져서 시드는 나무 가지와 같다. 그런 가지들은 집어서 불에 던져 태워진다.

If you remain in me and my words remain in you, ask whatever you wish, and it will be given you.

네가 원하는 무엇이든지 요청하라, 그러면 너에게 주어질 것이다.

As the Father has loved me, so have I loved you. Now remain in my love.

아버지가 나를 사랑했듯이 그렇게 나도 너를 사랑한다. 지금 나의 사랑 안에 남아 있어라.

If you obey my commands, you will remain in my love, just as I have obeyed my Father's commands and remain in his love.

너희가 나의 명령에 복종한다면 너희는 나의 사랑 안에 남아 있을 것이다, 내가 나의 아버지의 명령에 복종하여 그의 사랑 안에 남아 있는 것과 같이.

My command is this: Love each other as I have loved you.

[179]나의 명령은 이렇다. 서로 사랑하라, 내가 너희를 사랑하듯이.

Greater love has no one than this, that he lay down his life for his friends.

그의 생명을 친구를 위해 내어놓는 것보다 더 위대한 사랑은 없다.

You are my friends if you do what I command.

너희가 내가 명령한 것을 행한다면 너희는 나의 친구들이다.

179) 요 15:17

I no longer call you servants, because a servant does not know his master's business.

나는 더 이상 너희를 하인이라고 부르지 않겠다, 하인은 주인의 일을 알지 못하기 때문에.

Instead, I have called you friends, for everything that I learned from my Father I have made known to you.

대신에 나는 너희를 친구라고 부르겠다, 내가 아버지로부터 배운 모든 것을 나는 너희에게 알게 만들었기 때문에.

When the Counselor comes, whom [180]I will send to you from the Father, the Spirit of truth who goes out from the Father, he will testify about me.

보혜사가 올 때, 진실의 성령인 아버지로부터 너희에게 보내진, 아버지로부터 나가는, 그는 나에 관해 증언할 것이다.

And you also must testify, for you have been with me from the beginning.

너희도 또한 증언해야 한다,

---

180) 예수도 또 다른 보혜사를 보내는 주체가 된다.

너희는 초기부터 나와 함께 있었기 때문에.

All this I have told you so that you will not go astray.

[181]너희가 방황하지 않도록 나는 너희에게 이 모든 것을 말했다.

▸▸ All this 목적어 도치 강조

I have told you

so that you will not go astray. -하지 않도록

They will put you out of the synagogue; in fact, a time is coming when anyone who kills you will think he is offering a service to God.

그들은 회당 밖으로 너희를 밀어낼 것이다. 사실상 때가 오고 있다, 너희를 죽이는 어떤 사람이 그가 하나님에게 봉사를 하고 있다고 생각할 것이라는.

They will do such things because they have not known the Father or me.

그들은 아버지와 나를 모르기 때문에 그와 같은 일을 할 것이다.

---

181) 요 16:1-33, 다락방 강화 3

Now I am going to him who sent me, yet none of you asks me, 'Where are you going?'

지금 나는 나를 보낸 그분에게 갈 것이다.

Because I have said these things, you are filled with grief.

나는 이런 일들을 말해왔기 때문에 너희는 슬픔으로 가득 찬다.

But I tell you the truth: It is for your good that I am going away.

내가 가는 것은 너희에게 좋다.

Unless I go away, <u>the Counselor</u> will not come to you; but if I go, I will send him to you.

[182]내가 가지 않는다면 보혜사가 너희에게 오지 않을 것이다. 내가 간다면 나는 너에게 보혜사를 보낼 것이다.

When he comes, he will convict the world of guilt in regard to <u>sin and righteousness and judgment</u>:

---

182) 요 16:17

그가 올 때 그는 죄의 세상을 평결할 것이다,
죄와 정의와 심판에 관해.

in regard to sin, because men do not believe in me;

[183]죄에 관하여, 사람들이 나를 믿지 않았기 때문에

in regard to righteousness, because I am going to the Father, where you can see me no longer;

[184]의에 관하여, 너희는 더 이상 나를 볼 수 없는 곳으로 내가 아버지에게 갈 것이기 때문에

and in regard to judgment, because the prince of this world now stands condemned.

심판에 관하여, 이 세상의 왕자가 지금 심판에 직면하기 때문에

In a little while you will see me no more, and then after a little while you will see me.

조만간 너희는 나를 더 이상 볼 수 없을 것이다. 그런 다음 잠시 후에

---

183) 성경의 죄는 예수를 믿지 않는 것.
184) 의는 하나님과의 관계 정상화.

너희는 나를 볼 것이다.

I tell you the truth, you will weep and mourn while the world rejoices.
You will grieve, but your grief will turn to joy.

너희는 세상이 기뻐할 때 울고 애통해 할 것이다. 너희가 슬퍼할 때 너의 슬픔은 기쁨으로 바뀔 것이다.

A woman giving birth to a child has pain because her time has come;

아이를 낳는 여인은 고통이 있다, 그녀의 시기가 왔기 때문에.

but when her baby is born she forgets the anguish because of her joy that a child is born into the world.

그러나 그녀의 아기가 태어날 때 그녀는 고뇌를 잊는다, 아이가 이 세상에 태어난다는 그녀의 기쁨 때문에.

So with you: Now is your time of grief, but I will see you again and you will rejoice, and no one will take away your joy.

너희도 그렇다. 슬픔의 시간이지만 내가 너희를 다시 볼 것이고 너희는 기뻐할 것이다. 어느 누구도 너의 기쁨을 빼앗아가지 못할 것이다.

In that day you will no longer ask me anything.

그날에 너희는 더 이상 나에게 어떤 것도 요청하지 않을 것이다.

I tell you the truth, my Father will give you whatever you ask in my name.

[185]나의 아버지가 너희가 나의 이름으로 요청하는 무엇이든 너희에게 줄 것이다.

Until now you have not asked for anything in my name.

지금까지 너희들은 나의 이름으로 어떤 것도 요청하지 않았다.

Ask and you will receive, and your joy will be complete.

구하라, 그러면 받을 것이요, 너의 기쁨은 완성될 것이다.

I came from the Father and entered the world; now I am leaving the world and going back to the Father.

[186]나는 아버지로부터 와서 세상으로 들어왔다. 지금 나는 세상에서 떠

185) 요 16:23, 예수 그리스도의 이름으로 하나님께 기도하라!

186) 요 16:28, 이 한 문장 속에 예수 그리스도의 본질적 사역이 다 드러나 있다. 나와서(예수의 신성을 증거), 왔고(성육신), 떠나(십자가에 들림 받음), 가노라(미래적 현재, 예수의 부활과 승천을 미리 교훈)

나 아버지에게로 되돌아간다.

▸▸ I came from the Father 왔고
and entered the world; 들어왔다
now I am leaving the world 떠난다
and going back to the Father. 돌아간다

But a time is coming, and has come, when you will be scattered, each to his own home.

너희들은 흩뜨려질 것이다, 각자 그 자신의 집으로.

You will leave me all alone. Yet I am not alone, for my Father is with me.

너희들은 나를 혼자 남겨둘 것이다. 그럼에도 나는 혼자가 아니다, 나의 아버지가 나와 함께 있기 때문에.

I have told you these things, so that in me you may have peace.

나는 너희에게 이런 일들을 이야기했다, 내 안에 너희가 평화를 가질 수 있게.

▸▸ I have told you these things,
so that (in me) you may have peace.

In this world you will have trouble.

이 세상에서 너희는 환란이 있을 것이다.

But take heart! I have overcome the world.

담대해라! 내가 이 세상을 이겼다.

After Jesus said this, he looked toward heaven and prayed:

[187]하늘을 보고 기도했다.

Father, the time has come. Glorify your Son, that your Son may glorify you.

예수 : 아버지, 때가 왔습니다. 당신의 아들을 영광되게 하소서, 당신의 아들이 당신을 영광스럽게 하도록.

For you granted him authority over all people that he might give eternal life to all those you have given him.

당신은 권한을 주었습니다, 그가 모든 사람들에게 영생을 줄 수 있도록.

---

187) 요 17:1-26, 대제사장의 기도

Now <u>this is eternal life:</u>

이것이 영생입니다.

<u>that they may know you, the only true God, and Jesus Christ, whom you have sent</u>.

[188]그들이 유일한 진정한 하나님인 당신을 알고 당신이 보내신 예수 그리스도를 압니다.

I have brought you glory on earth by completing the work you gave me to do.

저는 당신에게 땅 위에 영광을 가져왔습니다, 당신이 나에게 준 그 일을 완성함에 의해.

And now, Father, glorify me in your presence with the glory I had with you before the world began.

아버지, 당신이 계신 곳에서 저를 영광되게 하소서, 세상이 시작하기 전에 당신과 함께 있는 영광에 의해.

I have revealed you to those whom you gave me out of the world.

---

188) 영생은 하나님을 알고 예수를 아는 것이다.

저는 당신을 드러냈습니다, 당신이 세상으로부터 저에게 주신 그들에게.

They were yours; you gave them to me and they have obeyed your word.

그들은 당신의 것입니다. 당신은 그들을 저에게 주셨고, 그들은 당신의 말에 복종합니다.

Now they know that everything you have given me comes from you.

당신이 저에게 준 모든 것이 당신으로부터 온 것임을 그들은 압니다.

For I gave them the words you gave me and they accepted them.

저는 그들에게 당신이 저에게 주신 그 말씀을 주었고, 그들은 그 말씀을 받아들였습니다.

They knew with certainty that I came from you, and they believed that you sent me.

제가 당신으로부터 왔고 당신이 저를 보낸 것을 그들은 확실히 믿습니다.

I pray for them. I am not praying for the world,

저는 세상을 위해 기도하지 않고 저는 그들을 위해 기도합니다.

but for those you have given me, for they are yours.

당신이 저에게 주신 그들을 위해 기도합니다, 그들은 당신의 것이기 때문입니다.

All I have is yours, and all you have is mine. And glory has come to me through them.

제가 가진 모든 것이 당신의 것이고, 당신이 가진 모든 것이 저의 것입니다. 영광이 그들을 통해 저에게 올 것입니다.

I will remain in the world no longer, but they are still in the world, and I am coming to you.

저는 더 이상 이 세상에 남아 있지 않을 것이나, 그들은 여전히 이 세상에 있습니다. 저는 당신에게 갑니다.

Holy Father, protect them by the power of your name, the name you gave me, so that they may be one as we are one.

성스런 아버지, 그들을 당신의 이름의 힘에 의해 보호하소서, 당신이 저에게 주신 그 이름, 그들이 하나일 수 있게, 우리가 하나이듯이.

While I was with them, I protected them and kept them safe by that name you gave me.

제가 그들과 함께 있는 동안 저는 그들을 보호했습니다. 당신이 저에게 주신 그 이름에 의해 그들을 안전하게 했습니다.

None has been lost except the one doomed to destruction so that Scripture would be fulfilled.

성경이 완성되기 위해 멸망의 운명에 있는 자를 제외하고는 아무것도 잃은 것이 없습니다.

I have given them your word and the world has hated them,

저는 그들에게 당신의 말을 전했습니다. 세상은 그들을 미워했습니다.

for they are <u>not</u> of the world <u>any more than</u> I am of the world.

그들이 세상에 속하지 않은 것은 제가 세상에 속하지 않은 것과 같기 때문입니다.

▸▸ not - any more than - 아닌 것은 - 아닌 것과 같다.

As you sent me into the world, I have sent them into the world.

당신이 저를 세상 속으로 보냈듯이, 저도 그들을 세상 속으로 보냈습니다.

My prayer is not for them alone. I pray also for those who will believe in me through their message,

[189]저의 기도는 단지 그들만이 아닌, 그들의 전언을 통해 저를 믿는 그런 사람들을 위한 기도입니다.

that all of them may be one, Father, just as you are in me and I am in you.

그들 모두는 하나일 것입니다, 아버지, 당신이 제 안에 있고 제가 당신 안에 있듯이.

May they also be in us so that the world may believe that you have sent me.

그들이 또한 우리 안에 있게 하소서, 세상이 믿을 수 있게, 당신이 저를 보냈다는 것을.

I have given them the glory that you gave me, that they may be one as we are one:

---

189) 후세에 저를 믿는 모든 기독교인들을 위한 기도입니다.

저는 그들에게 영광을 주었습니다, 당신이 저에게 주신, 그들이 하나이듯이 우리가 하나인 것처럼.

Righteous Father, though the world does not know you, I know you, and they know that you have sent me.

정의로운 아버지, 비록 세상이 당신을 알지 못한다고 하더라도 저는 당신을 압니다. 당신이 저를 보낸 것을 그들은 압니다.

I have made you known to them, and will continue to make you known

저는 당신이 그들에게 알려지도록 하겠습니다. 당신이 알려지도록 계속할 것입니다.

in order that the love you have for me may be in them and that I myself may be in them.

당신이 저를 위하여 가진 사랑이 그들 안에 있을 수 있도록, 저 스스로 그들 안에 있을 수 있게.

[190]요 4:34 **"My food," said Jesus, "is to do the will of him who sent me and to finish his work. "**

---

190) 요한복음 속의 예수 말씀 모음

나의 음식은 나를 보낸 분의 의지를 행하고 그의 일을 완성하는 것이다.

요 5:24 **"I tell you the truth, <u>whoever</u> hears my word and believes him who sent me <u>has eternal life</u> and will not be condemned; he has crossed over from death to life. "**

나의 말을 듣고 나를 보낸 이를 믿는 누구나 영생을 얻을 것이고 심판받지 않을 것이다. 그는 죽음에서 생명으로 건넜다.

요 6:35 **Then Jesus declared, "<u>I am the bread of life.</u> He who comes to me will never go hungry, and he who believes in me will never be thirsty."**

예수 : 나는 생명의 빵이다. 나에게 오는 자는 결코 배고프지 않을 것이다. 나를 믿는 자는 목마르지 않을 것이다.

요 6:55 **For <u>my flesh</u> is real food and <u>my blood</u> is real drink.**

나의 육신은 진정한 음식이요, 나의 피는 진정한 음료수이다.

요 6:56 **Whoever eats my flesh and drinks my blood remains in me, and I in him.**

나의 육신을 먹고 나의 피를 마시는 누구나 내 안에 남아 있고, 나는 그 안에 남아 있다.

요 6:57 **Just as the living Father sent me and I live because of the Father, so the one who feeds on me will live because of me.**

살아 있는 아버지가 나를 보냈고, 내가 아버지 때문에 살아 있듯이,
그렇게 나를 먹는 그는 나 때문에 살 것이다.

요 7:24 [191]**"Stop judging by mere appearances, and make a right judgment."**

단지 외모로 판단하는 것을 멈추고 올바른 판단을 하라.

요 7:37 **On the last and greatest day of the Feast, Jesus stood and said in a loud voice, "If anyone is thirsty, let him come to me and drink.**

축제의 마지막이며 큰 날,
어느 누구도 목마른 자는 나에게 와서 마셔라.

요 7:38 [192]**Whoever believes in me, as the Scripture has said, streams of living water will flow from within him."**

191) 안식일의 본래 의미를 회복하라.
192) 생수의 근원은 예수 그리스도임을 보여준다.

나를 믿는 누구나 생명의 물이 내면으로부터 흐를 것이다.

요 8:7 **"If any one of you is without sin, let him be the first to throw a stone at her."**

누구든지 죄가 없다면 그녀에게 첫 번째로 돌을 던져라.

요 8:12 **I am the light of the world. Whoever follows me will never walk in darkness, but will have the light of life.**

나는 세상의 빛이다. 나를 따르는 누구나 결코 어둠에서 걷지 않고 생명의 빛을 가질 것이다.

요 8:32 **You will know the truth, and the truth will set you free.**

너희가 진리를 알지니 진리가 너희를 자유케 하리라.

요 8:36 **So [193]if the Son sets you free, you will be free indeed.**

아들이 자유롭게 하면 너는 정말로 자유로울 것이다.

요 8:51 **I tell you the truth, [194]if anyone keeps my word, he will**

193) 자유롭게 할 자는 예수뿐이다.
194) 예수의 말을 지키면 영생을 얻는다.

never see death.

나의 말을 지키면 그는 결코 죽음을 보지 않을 것이다.

요 8:58 **"I tell you the truth," Jesus answered, "before Abraham was born, I am!"**

아브라함이 태어나기 이전에 나는 있었다.

요 9:5 **While I am in the world, <u>I am the light of the world.</u>**

내가 세상에 있는 동안 나는 세상의 빛이다.

요 9:39 **Jesus said, [195]"For judgment I have come into this world, so that the blind will see and those who see will become blind."**

예수 : 심판을 위해 나는 이 세상에 왔다. 맹인이 볼 것이고, 보는 사람들이 맹인이 될 것이다.

요 9:41 **Jesus said, "If you <u>were</u> blind, you <u>would not be</u> guilty of sin;**
but <u>now that</u> you claim you can see, your guilt remains. "

---

195) 믿는 자는 구원, 믿지 않는 자는 심판하기 위해 예수가 왔다. 보지 못한다고 하나 보는 것이 구원이고, 볼 수 있다고 하나 실제로 보지 못하는 상태가 바로 심판이다.

예수 : 당신들이 볼 수 있다고 주장하니까 당신의 죄는 남아 있다.

요 10:11 **I am the good shepherd. The good shepherd lays down his life for the sheep.**

나는 선한 목자이다. 선한 목자는 그의 목숨을 양들을 위해 놓는다.

요 10:14 **"I am the good shepherd; I know my sheep and my sheep know me,**

나는 선한 목자이다. 나는 나의 양을 알고 나의 양은 나를 안다.

요 10:15 **just as the Father knows me and I know the Fatherand I lay down my life for the sheep.**

아버지가 나를 알듯이 나는 아버지를 안다. 나는 나의 생명을 양을 위해 놓는다.

요 11:25 **Jesus said to her, "I am the resurrection and the life. He who believes in me will live, even though he dies;**

예수 : 나는 부활이요 생명이다. 나를 믿는 자는 살 것이다, 비록 그가 죽는다고 해도.

요 12:24 **I tell you the truth, unless a kernel of wheat falls to the**

ground and dies, it remains only a single seed. But if it dies, it produces many seeds. "

예수 : 한 밀알이 땅에 떨어져 죽지 않는다면 단지 단 하나의 씨로서 남지만, 죽는다면 많은 씨를 낳는다.

요 12:25 **The man who loves his life will lose it, while the man who hates his life in this world will keep it for eternal life.**

그의 생명을 사랑하는 자는 생명을 잃을 것이요, 이 세상에서 그의 생명을 싫어하는 자는 영생을 위해 생명을 지킬 것이다.

요 12:47 **As for the person who hears my words but does not keep them, I do not judge him. For I did not come to judge the world, but to save it.**

나의 말을 듣고 지키지 않는 사람에 대해 나는 심판하지 않는다, 나는 세상을 심판하기 위해 온 것이 아니라 구원하기 위해 왔기 때문에.

요 12:48 **There is [196]a judge for the one who rejects me and does not accept my words; that very word which I spoke will condemn him at the last day.**

196) 구원하기 위해 왔지만, 나를 거절하는 자들은 결국 심판 받을 것이다.

나를 거절하고 나의 말을 받아들이지 않는 사람을 위한 심판자가 있다. 내가 말한 그 말이 마지막 날에 그를 심판할 것이다.

요 13:14 **Now that I, your Lord and Teacher, have washed your feet, [197]you also should wash one another's feet.**

내가 너의 발을 씻겼다. 너희도 또한 다른 사람의 발을 씻겨야 한다.

요 13:15 **I have set you [198]an example that you should do as I have done for you.**

내가 너희들에게 행한 대로 너희들도 해야만 한다는 모범을 너희에게 보인 것이다.

요 13:34 **"A new command I give you: Love one another. As I have loved you, so you must love one another.**

내가 너희들을 사랑하듯이 그렇게 너희도 서로 사랑해야 한다.

요 13:35 **By this all men will know that you are my disciples, [199]if you love one another."**

197) 제자들도 실천하는 것을 원함.

198) 본을 보였노라. 종조차도 발을 씻는 것은 하지 않았다. 발을 씻긴다는 것은 외부에서 포로로 잡혀 온 종이 하는 일이었다.

199) 서로 사랑하는 것이 예수 제자 됨의 표준. 원수까지도 사랑하라.

사랑에 의해 모든 사람들은 너희가 나의 제자들이라고 알 것이다, 너희가 서로 사랑한다면.

요 14:6 Jesus answered, [200]"I am the way and the truth and the life. No one comes to the Father except through me.

나는 길이요 진리이고 생명이다. 나를 통하지 않고서는 어느 누구도 아버지에게로 올 수 없다.

요 14:13 [201]And I will do whatever you ask in my name, so that the Son may bring glory to the Father.

나는 나의 이름으로 그가 요청하는 무엇이나 행할 것이다, 아들이 아버지에게 영광을 돌릴 수 있도록.

요 14:14 You may ask me for anything in my name, and I will do it."

너희는 나의 이름 안에 있는 어떤 것을 위해 나에게 요청할 것이고, 나는 그것을 행할 것이다.

요 14:20 [202]On that day you will realize that I am in my Father,

200) the way 유일한 길. 예수를 믿고 예수의 말씀을 실천해야 천국에 갈 수 있다. 예수는 하나님과 인류를 연결하는 통로라고 믿는 것이 기독교 교리이다.

201) 예수의 이름으로 기도해야 한다.

202) 성부, 성자, 나의 일체가 영생을 이루는 일이다.

and you are in me, and I am in you.

그날에 너희는 내가 나의 아버지 안에 있고, 너희는 내 안에 있고, 나는 너희 안에 있다는 것을 깨닫게 될 것이다.

요 15:1 **"I am thc truc vine, and my Father is the gardener."**

나는 진정한 포도나무이고 나의 아버지는 정원사이다.

요15:2 **He cuts off every branch in me that bears no fruit, while every branch that does bear fruit [203]he prunes so that it will be even more fruitful.**

하나님은 내 안에 있는 열매 맺지 못하는 모든 가지를 자른다. 반면에 열매를 맺는 모든 가지는 더 많은 열매를 맺기 위해 하나님은 다듬는다.

요 15:5 **"I am the vine; you are the branches. If a man remains in me and I in him, he will bear much fruit; apart from me you can do nothing."**

나는 포도나무이고 너희는 가지이다. 인간이 내 안에 남아 있고 내가 그 안에 남아 있다면, 그는 많은 열매를 맺을 것이다. 나와 떨어져서는 너희는 아무것도 할 수 없다.

---

203) 열매를 맺게 하기 위해 열매를 맺지 못하는 나무를 과감하게 자른다.

요 15:6 **If anyone does not remain in me, he is like a branch that is thrown away and withers; such branches are picked up, thrown into the fire and burned**

내 안에 남아 있지 않는 어느 누구도 던져져서 시드는 나무 가지와 같다. 그런 가지들은 집어서 불에 던져 태워진다.

요 15:12 **My command is this: Love each other as I have loved you.**

나의 명령은 이렇다. 서로 사랑하라, 내가 너희를 사랑하듯이.

요 15:13 [204)]**Greater love has no one than this, that he lay down his life for his friends.**

그의 생명을 친구를 위해 내어놓는 것보다 더 위대한 사랑은 없다.

요 15:14 **You are <u>my friends</u> if you do what I command.**

너희가 내가 명령한 것을 행한다면, 너희는 나의 친구들이다.

요 15:15 **I no longer call you <u>servants</u>, because a servant does not know his master's business. Instead, I have called you <u>friends</u>,**

---

204) 서로 사랑. 친구를 위해 자기의 목숨을 버림은 예수께서 인류를 구원하기 위해 대속하신 십자가 죽음을 상징한다.

for everything that I learned from my Father I have made known to you.

나는 더 이상 너희를 하인이라고 부르지 않겠다, 하인은 주인의 일을 알지 못하기 때문에. 대신에 나는 너희를 친구라고 부르겠다, 내가 아버지로부터 배운 모든 것을 나는 너희에게 알게 만들었기 때문에.

요 15:7 **<u>If you remain in me and my words remain in you</u>, [205]ask whatever you wish, and it will be given you.**

네가 내 안에 남아 있고, 나의 말이 네 안에 남아 있다면, 네가 원하는 무엇이든 요청해라, 그러면 너에게 주어질 것이다.

요 16:7 **But I tell you the truth: [206]It is for your good that I am going away. Unless I go away, <u>the Counselor</u> will not come to you; but if I go, I will send him to you.**

내가 가는 것은 너희에게 유익이다. 내가 가지 않는다면 보혜사가 너희에게 오지 않을 것이다. 내가 간다면 나는 너에게 보혜사를 보낼 것이다.

요 16:13 **But when he, [207]<u>the Spirit of truth</u>, comes, he will guide**

---

205) 구하는 것의 전제는 깨끗해야 한다는 것이다. 열매를 맺지 못하는 나무는 이미 제거되었다.

206) 예수 그리스도가 가야 또 다른 보혜사가 오고, 진리의 성령인 그 보혜사는 예수 그리스도가 이 땅에 오신 목적을 알게 할 것이다.

207) 보혜사는 진리의 성령이다.

you into all truth. He will not speak on his own; he will speak only what he hears, and he will tell you what is yet to come.

진리의 성령인 그가 올 때, 그는 너희를 모든 진리 가운데로 인도할 것이다.
그는 그 자신이 말하지 않는다. 그는 단지 그가 들은 것만 이야기할 것이다. 그는 너희에게 아직 때가 오지 않은 것을 이야기할 것이다.

요 16:21 [208)]**A woman giving birth to a child has pain because her time has come; but when her baby is born she forgets the anguish because of her joy that a child is born into the world.**

아이를 낳는 여인은 고통이 있다, 그녀의 시기가 왔기 때문에. 그러나 그녀의 아기가 태어날 때 그녀는 고뇌를 잊는다, 아이가 이 세상에 태어난다는 그녀의 기쁨 때문에.

요 16:22 [209)]**So with you: Now is your time of grief, but I will see you again and you will rejoice, and no one will take away your joy.**

너희도 그렇다. 슬픔의 시간이지만 내가 너희를 다시 볼 것이고 너희는 기뻐할 것이다. 어느 누구도 너의 기쁨을 빼앗아가지 못할 것이다.

---

208) 십자가 부활 사건을 해산에 비유. 출산의 고통 뒤에는 아기가 태어나는 기쁨을 얻는다는 교훈. 해산하는 여인의 진통.

209) 세상의 기쁨은 찰나적. 도취되면 진리를 알지 못하게 된다, 성경의 바른 말씀에 도취, 예수가 주는 기쁨을 이 세상에서 빼앗을 자가 없다.

요 16:28 [210]**I came from the Father and entered the world; now I am leaving the world and going back to the Father.**

나는 아버지로부터 와서 세상으로 들어왔다. 지금 나는 세상에서 떠나 아버지에게로 되돌아간다.

요 18:36 **My kingdom is not of this world. If it were, my servants would fight to prevent my arrest by the Jews. But now my kingdom is from another place.**

예수 : 나의 왕국은 이 세상에 있지 않다. 그렇다면, 나의 하인들이 유대인들에 의한 나의 체포를 막기 위해 싸웠을 것이다. 그러나 지금 나의 왕국은 다른 장소에 있다.

요 18:37 **"You are a king, then!" said Pilate. Jesus answered, "You are right in saying I am a king. In fact, for this reason I was born, and for this I came into the world, to testify to the truth. Everyone on the side of truth listens to me."**

빌라도 : "당신이 왕이냐!"
예수 : "네가 옳다, 내가 왕이라고 말하는 점에서. 사실상 이런 이유 때문에 내가 태어났다. 이것을 위해 나는 세상으로 왔다. 진실을 증명하기 위해, 진실의 편에 선 누구나 나의 말을 듣는다."

210) 이 한 문장 속에 예수 그리스도의 본질적 사역이 다 드러나 있다. 나와서(예수의 신성을 증거), 왔고(성육신), 떠나(십자가에 들림 받음), 가노라(미래적 현재, 예수의 부활과 승천을 미리 교훈).

요 20:29 [211]**"blessed are those who have not seen and yet have believed."**

보지 않고도 믿는 자는 복을 받으리라.

[212]**"The time has come," he said. "The kingdom of God is near. Repent and believe the good news!"**

예수 : "때가 되었다. 하나님 나라가 가까이 왔다. 회개하고, 복음을 믿어라!"

"Come, follow me," Jesus said, "and I will make you fishers of men."

예수 : "나를 따르라. 내가 너희를 사람을 낚는 어부로 삼겠다.

"Son, your sins are forgiven."

예수 : "아들아, 네 죄가 용서되었다."

"It is not the healthy who need a doctor, but the sick. I have not come to call the righteous, but sinners."

---

211) 요한복음 전체의 주제!
212) 마가복음의 말씀 모음

예수 : “건강한 사람에게는 의사가 필요 없고, 병든 사람에게 의사가 필요한 것이다. 나는 의로운 사람을 부르러 온 것이 아니고, 죄인들을 부르러 왔다.”

But the time will come when the bridegroom will be taken from them, and on that day they will fast.

예수 : 그러나 신랑을 빼앗길 날이 올 것이고, 그날에 금식을 하게 될 것이다.

He pours new wine into new wineskins.

예수 : 새 술은 새 부대에 넣어야 한다.

The Sabbath was made for man, not man for the Sabbath. So the Son of Man is Lord even of the Sabbath.

예수 : “안식일이 사람을 위해 생긴 것이지, 사람이 안식일을 위해 생긴 것이 아니다. 그러므로 인자가 안식일의 주인이다.”

“Which is lawful on the Sabbath: to do good or to do evil, to save life or to kill?”

예수 : “안식일에 좋은 일을 하는 것이 옳으냐, 나쁜 일을 하는 것이 옳으냐? 사람의 생명을 살리는 것이 옳으냐, 죽이는 것이 옳으냐?”

"How can Satan drive out Satan? If a kingdom is divided against itself, that kingdom cannot stand. "

예수 : "사탄이 어떻게 사탄을 내쫓을 수 있느냐? 만일 나라가 자기들끼리 나뉘어 싸우면, 그 나라는 제대로 설 수 없다.

Whoever does God's will is my brother and sister and mother.

예수 : 누구든지 하나님의 뜻대로 행하는 사람이 나의 형제와 자매이며 또한 어머니이다.

"Come out of this man, you evil spirit!" Then Jesus asked him, "What is your name?"

예수 : "더러운 귀신아! 그 사람에게서 나오너라."
"네 이름이 무엇이냐?"

"Daughter, your faith has healed you. Go in peace and be freed from your suffering."

예수 : "딸아, 네 믿음이 너를 낫게 했다. 안심하고 가거라. 그리고 건강하게 지내라."

"Only in his hometown, among his relatives and in his own house is a prophet without honor."

예수 : "예언자가 고향과 친척과 자기 집을 제외하면 어느 곳에서나 존경을 받는다."

"Don't you see that nothing that enters a man from the outside can make him 'unclean'? For it doesn't go into his heart but into his stomach, and then out of his body."(In saying this, Jesus declared all foods "clean.")

예수 : "너희는 아직도 깨닫지 못하겠느냐? 바깥에서 사람 속으로 들어가는 것이 사람을 더럽히지 못한다는 것을 깨닫지 못하느냐? 그것은 사람의 마음속에 들어가는 것이 아니라, 배로 들어가서 뒤로 나간다." (그러므로 예수께서는 모든 음식이 깨끗하다고 선언하셨다.)

If anyone would come after me, he must deny himself and take up his cross and follow me.

예수 : "누구든지 나를 따르려면, 자기를 부인하고 자기 십자가를 지고 나를 따라오너라.

"If anyone wants to be first, he must be the very last, and the servant of all."

예수 : "누구든지 첫째가 되려면, 다른 모든 사람보다 나중이 되어야 하고, 모든 사람의 종이 되어야 한다."

Go, sell everything you have and give to the poor, and you will have treasure in heaven. Then come, follow me.

예수 : 가서 네가 가진 것을 모두 팔아 가난한 사람들에게 주어라. 그러면 하늘에서 보화가 있을 것이다. 그리고 와서 나를 따라라.

"It is easier for a camel to go through the eye of a needle than for a rich man to enter the kingdom of God."

예수 : 부자가 하나님 나라에 들어가는 것보다 낙타가 바늘귀를 지나가는 것이 더 쉬울 것이다!"

Jesus said to them, "You will drink the cup I drink and be baptized with the baptism I am baptized with, but to sit at my right or left is not for me to grant. These places belong to those for whom they have been prepared."

예수 : "내가 마시는 잔을 너희가 마시며, 내가 받는 세례를 너희가 받을 것이다. 그러나 내 오른쪽이나 왼쪽에 앉는 것은 내가 허락하는 것이 아니다. 이 자리들은 정해 놓은 사람에게 돌아갈 것이다."

For even the Son of Man did not come to be served, but to serve, and to give his life as a ransom for many.

예수 : 인자도 섬김을 받으러 온 것이 아니라, 섬기러 왔다. 인자는 자기

생명을 많은 사람의 대속물로 주려고 왔다.

"Have faith in God," Jesus answered. "I tell you the truth, if anyone says to this mountain, 'Go, throw yourself into the sea,' and does not doubt in his heart but believes that what he says will happen, it will be done for him."

예수 : "하나님을 믿어라. 내가 너희에게 진정으로 말한다. 누구든지 이 산을 향하여 '뽑혀서 바다에 던져져라.' 하고 말하고 마음속에 아무 의심 없이 말한 대로 될 줄 믿으면, 그대로 이루어질 것이다.

Give to Caesar what is Caesar's and to God what is God's.

예수 : 가이사의 것은 가이사에게 주어라. 그리고 하나님의 것은 하나님께 바쳐라.

Jesus replied, "Are you not in error because you do not know the Scriptures or the power of God? When the dead rise, they will neither marry nor be given in marriage; they will be like the angels in heaven."

예수 : "너희가 성경도 모르고 하나님의 능력도 몰라서 잘못 생각하는 것이 아니냐? 사람들이 죽은 사람들 중에서 다시 살아날 때에는, 장가도 가지 않고 시집도 가지 않는다. 그들은 마치 하늘에 있는 천사처럼 될 것이다.

"The most important one," answered Jesus, "is this: 'Hear, O Israel, the Lord our God, the Lord is one. Love the Lord your God with all your heart and with all your soul and with all your mind and with all your strength.' The second is this: 'Love your neighbor as yourself. 'There is no commandment greater than these."

예수 : "가장 중요한 계명은 이것이다. '이스라엘아, 들어라! 주 우리 하나님은 한 분이시다. 네 모든 마음과 모든 영혼과 모든 뜻과 모든 힘을 다해, 주 너희 하나님을 사랑해라.' 두 번째로 중요한 계명은 이것이다. '네 이웃을 네 몸같이 사랑해라.' 이 계명들보다 더 중요한 계명은 없다."

While they were eating, Jesus took bread, gave thanks and broke it, and gave it to his disciples, saying, "<u>Take it; this is my body</u>." Then he took the cup, gave thanks and offered it to them, and they all drank from it. "<u>This is my blood of the covenant, which is poured out for many</u>,"

예수 : "받아라, 이것은 나의 몸이다." 이것은 많은 사람들을 위해 쏟는 나의 피, 곧 언약의 피다.

he said to them. "I tell you the truth, I will not drink again of <u>the fruit of the vine</u> until that day when I drink it anew in the kingdom of God."

예수 : 내가 진정으로 너희에게 말한다. 내가 하나님 나라에서 새것으로 마실 그날이 올 때까지는 결코 다시 포도나무에서 난 것을 마시지 않을 것이다."

"Abba, Father," he said, "everything is possible for you. Take this cup from me. Yet not what I will, but what you will."

예수 : "아바, 아버지! 아버지께서는 모든 것을 하실 수 있으시니, 이 잔을 없애 주십시오. 그러나 제 뜻대로 하지 마시고 아버지의 뜻대로 하십시오."

"Eloi, Eloi, lama sabachthani?",which means, "My God, my God, why have you forsaken me?"

예수 : "엘리 엘리 라마 사박다니." "나의 하나님, 나의 하나님, 어찌하여 나를 버리셨나이까?"

He said to them, "Go into all the world and preach the good news to all creation. Whoever believes and is baptized will be saved, but whoever does not believe will be condemned.

예수 : "온 세상으로 가거라. 온 세상에 복음을 전해라. 믿고 세례를 받는 사람은 구원을 받을 것이다. 그러나 믿지 않는 사람은 심판을 받을 것이다.

And these signs will accompany those who believe:

믿는 사람들에게는 이러한 증거가 따라올 것이다.

In my name they will drive out demons; they will speak in new tongues;

내 이름으로 귀신을 내쫓고, 배우지 않은 새로운 말을 하고,

they will pick up snakes with their hands; and when they drink deadly poison, it will not hurt them at all;

손으로 뱀을 집어 들고, 독을 마셔도 아무런 해를 받지 않을 것이며,

they will place their hands on sick people, and they will get well."

환자에게 손을 얹으면 나을 것이다."

Q4.

표 적

Q4. 표 적

요 2:1 [213]**On the third day a wedding took place at Cana in Galilee.**
Jesus' mother was there,

3일째, 결혼식이 갈릴리 가나에서 열렸고, 예수의 어머니가 거기에 있었다.

▸▸ Jesus' mother was 주어, 동사, 1형식
there,

2. and Jesus and his disciples had also been invited to the wedding.

예수와 그의 제자들도 또한 그 결혼식에 초대받았다.

▸▸ had been invited 수동태

---

213) 요한복음 제1 표적 : 공관복음서에는 나오지 않는 일화이다. 요한복음에서 특별히 이 일화를 소개한 이유에 대해 생각해 보자. 5명의 제자들은 세례요한을 떠나 예수를 따라 나섰지만, 예수가 진정한 그리스도라는 확신이 없었다. 남부 유대를 떠나 북부 갈릴리 가나에 도착한 예수는 물을 포도주로 만드는 가나에서의 첫 번째 기적을 행했고, 비로소 제자들이 예수를 믿게 되었다.

3. [214]When the wine was gone, Jesus' mother said to him, "They have no more wine."

와인이 떨어졌을 때, 예수의 어머니가 예수에게 말했다.
마리아 : "더 이상 와인이 없다."

4. [215]"Dear woman, why do you involve me?" Jesus replied. [216] "My time has not yet come."

예수 : 여인이여, 왜 당신은 나를 관여시키십니까?
내 때가 아직 이르지 않았습니다.

5. His mother said to the servants, [217]"Do whatever he tells you."

예수의 어머니는 하인들에게 말했다.
마리아 : 그가 너희에게 말하는 대로 해라.

▸▸ Do 행하라. 명령문

whatever he tells you 그가 너희들에게 말한 무엇이든지

---

214) 혼인은 7일 동안 계속된다. 포도주가 결혼 행사 도중에 모자라는 것은 하객을 소홀히 여긴다고 간주되어 행사 주관자에게는 큰 수치였다.

215) 예수는 마지막 십자가에서까지 어머니 마리아를 사랑하는 제자에게 맡기면서도, '여인이여' 라는 말을 사용했다. 어머니를 존경하는 어구로 보아야 한다.

216) 고난과 십자가의 부활!

217) 하인들이 예수 어머니의 명을 듣는 것을 보아, 예수의 어머니는 잔치에서 일정한 역할을 했음을 알 수가 있다.

6. Nearby stood [218)]six stone water jars, the kind used by the Jews [219)]for ceremonial washing, each holding from twenty to thirty gallons.

근처에 6개의 돌 물항아리가 있었다. 정화 의식에서 유대인들에 의해 사용되는 종류, 각 항아리는 20에서 30갤런의 물을 담을 수 있다.

7. [220)]Jesus said to the servants, "Fill the jars with water"; so they filled them to the brim.

예수는 하인들에게 말했다. 이 항아리들을 물로 채워라. 그리하여 그들은 가득 채웠다.

▸▸ brim 가장자리, to the brim 가장자리까지

8. Then he told them, [221)]"Now draw some out and take it to the master of the banquet." They did so,

꺼내어 연회의 주재자에게 가져다 주거라.

---

218) 6이란 숫자는 완전한 7에 비해 무언가 부족함을 나타낸다. 유대의식의 공허함을 상징.

219) 사막 바람이 강함. 집에 들어올 때 물로 손을 씻는다.

220) 더 이상 첨가할 수 없을 정도로 완벽함을 나타낸다.

221) 예수는 마리아의 청을 거절할 수가 없어서, 아직 때가 되지 않았으나 마리아가 바라는 바대로 물로 포도주를 만드는 기적을 행하게 된다. 마리아의 역할.

9. and the master of the banquet tasted the water that had been turned into wine. He did not realize where it had come from, though the servants who had drawn the water knew.

연회의 주재자는 와인으로 변한 그 물을 맛보았다. 그는 와인이 어디에서 왔는지 몰랐다. 비록 그 물을 길어온 하인들은 알았지만!

10. and said, [222]"Everyone brings out the choice wine first and then the cheaper wine after the guests have had too much to drink; but you have saved the best till now."

주재자 : 모든 사람은 선택된 와인을 먼저 내어오고, 나중에 손님들이 너무 많이 마셔서 더 이상 마실 수 없을 경우에 싼 와인을 내어오지만, 당신은 지금까지 최상품을 비축했다.

▸▸ after the guests have had too much to drink; 너무-해서-할 수 없다.

11. This, the first of his miraculous signs, Jesus performed at Cana in Galilee. [223]He thus revealed his glory, and his disciples put their faith in him.

---

222) 물을 포도주로 바꾼 기적의 주제를 나타낸다. 유대교의 형식화된 율법의 공허함과 예수 그리스도 복음의 영원성을 나타낸다. 세례요한과 예수의 관계를 나타낸다는 견해도 있다.

223) 요한복음에서의 표적은 하나님의 영광을 나타냄. 요한복음에서는 표적 7개를 도입하여 전반부인 11장까지 다 마친다. 2:1-12, 물을 술로 변화. 4:46-54, 왕의 신하의 아들을 치유. 5:1-9, 38년 된 병자 치유. 6:1-14, 오병이어. 6:16-21, 물 위를 걸음. 9:1-12, 태어날 때부터 소경인 자 치유. 11:1-46, 죽은 나사로를 살림.

예수가 갈릴리 가나에서 행한 첫 번째 기적적인 표식, 그의 영광을 드러냈고, 제자들은 예수를 믿게 되었다.

[224]요 4:46 **Once more he visited Cana in Galilee, where he had turned the water into wine. And there was a certain royal official whose son lay sick at Capernaum.**

다시 한 번 예수는 갈릴리 가나를 방문했다. 그의 아들이 아픈 관리가 있었다.

요 4:47 **When this man heard that Jesus had arrived in Galilee from Judea, he went to him and begged him to come and heal his son, who was close to death.**

와서 그의 아들을 살려달라고 애원.

요 4:48 **"Unless you people see miraculous signs and wonders," Jesus told him, "you will never believe."**

예수 : 너희들이 기적적인 징표와 경이를 보지 않는다면, 너희들은 결코 믿지 않는다.

요 4:49 **The royal official said, "Sir, come down before my child**

224) 요한복음 제2 표적 : 관리의 아들을 살림.

dies."

관리 : 아들이 죽기 전에 와주십시오.

요 4:50 **Jesus replied, "You may go. Your son will live." The man took Jesus at his word and departed.**

예수 : 너의 아들은 살 것이다.

요 4:51 **While he was still on the way, his servants met him with the news that his boy was living.**

길을 가는 도중 하인들이 그의 아들이 살았다는 소식을 전했다.

요 4:52 **When he inquired as to the time when his son got better, they said to him, "The fever left him yesterday at the seventh hour."**

그의 아들이 나아진 시간을 물었을 때,
하인들 : 열이 어제 7시경 나갔습니다.

요 4:53 **Then the father realized that this was the exact time at which Jesus had said to him, "Your son will live." So he and all his household believed.**

예수가 너의 아들이 살 것이라고 말한 때

요 4:54 **This was the second miraculous sign that Jesus performed, having come from Judea to Galilee.**

갈릴리에서 예수가 행한 두 번째 기적적인 징표

요 5:1 **Some time later, [225]Jesus went up to Jerusalem for a feast of the Jews.**

유대인의 명절을 위해 예루살렘으로 갔다.

요 5:2 **[226]Now there is in Jerusalem near [227]the Sheep Gate a pool, which in Aramaic is called Bethesda and which is surrounded by five covered colonnades.**

양의 문 근처에 연못, 베데스다, 5개의 행각에 둘러싸여 있다.

▸▸ Now there is in Jerusalem 예루살렘 안에 있다

near the Sheep Gate 양문 근처에

---

225) 요한복음 제3의 표적 : 예수는 공생애 두 번째 유월절에 다시 예루살렘으로 와서 베데스다 연못에서 38년 된 앉은뱅이를 고치는 기적을 행한다(이번의 명절이 유월절 (혹은 오순절)인지의 여부는 다투어지고 있다).

226) 공관복음서에는 나오지 않음. 처음에는 모세의 5경을 상징하는 비유라고 보았으나, 베데스다 연못이 1871년에 발굴, 실제로 5개의 행각이 정확히 있었다. 예루살렘 성전 북쪽 성 안락교회에 위치.

227) 그 문을 통해 양들이 드나들었다고 하여 양문이라 한다.

a pool, 연못 하나가

which in Aramaic is called Bethesda 아람어로 베데스다라고 불리는

and which is surrounded by five covered colonnades. 수동태

요 5:3 **Here a great number of disabled people used to lie, the blind, the lame, the paralyzed. (waiting for the stirring of the water;**

많은 수의 장애인이 앉아 있었다. 소경, 절름발이, 마비자, 물의 휘저음을 기다리는

▸▸ Here

a great number of disabled people 많은 수의 장애인들이

used to lie, 앉아 있었다.

요 5:4 [228]**for an angel of the Lord went down at certain seasons into the pool, and stirred up the water; whoever stepped in first after the stirring of the water was made well from whatever disease that person had.)**

주님의 천사가 내려와 물을 휘저으면 첫 번째로 발을 들여놓는 누구나 그 사람이 가지고 있는 어느 질병으로부터도 낫는다.

228) 성경이 아니라 민간전승이다.

▸▸ whoever stepped in first 첫 번째로 발을 집어넣는 누구나

after the stirring of the water 그 물의 휘저음 후에

was made well 낫는다

from whatever disease 어떤 병으로부터도

that person had. 그 사람이 가지고 있는

요 5:5 One who was there had been an invalid for thirty-eight years.

38년 동안 병자

▸▸ One 한 사람

who was there 거기에 있었던

had been an invalid 병자였다

for thirty-eight years. 38년 동안

요 5:6 [229]When Jesus saw him lying there and learned that he had been in this condition for a long time, he asked him, "Do you want to get well?"

예수 : 낫고 싶으냐?

▸▸ When Jesus saw him lying there 지각동사 5형식

229) 기적을 체험하기 위해서는 병자의 의지가 아니라, 하나님의 개입을 통해 예수 그리스도와의 만남 자체가 중요하다.

요 5:7 **"Sir," the invalid replied, [230)]"I have no one to help me into the pool when the water is stirred. While I am trying to get in, someone else goes down ahead of me."**

병자 : 제가 들어가려고 하면 다른 사람이 제 앞서 들어갑니다.

요 5:8 **Then Jesus said to him, "Get up! Pick up your mat and walk."**

예수 : 일어나라! 너의 돗자리를 들고 걸어라.

요 5:9 **[231)]At once the man was cured; he picked up his mat and walked.**
The day on which this took place was [232)]a Sabbath,

즉시 그 남자는 나았다. 그는 돗자리를 들고 걸었다. 안식일이었다.

▸▸ The day 그날은

on which this took place 이 일이 일어난

was a Sabbath 안식일이었다

요 5:10 **and so the Jews said to the man who had been healed,**

---

230) 예수 그리스도만이 유일한 해결책이다.
231) 예수 그리스도와는 불가능은 없다. 예수라는 존재 자체가 기적이다.
232) 인자는 안식일의 주인이다. 안식일의 진정한 의미를 깨우쳐 주기 위해.

[233]**"It is the Sabbath; the law forbids you to carry your mat."**

유대인들 : 안식일이다. 율법은 네가 돗자리를 나르는 것을 금한다.

요 5:11 **But he replied, "The man who made me well said to me, 'Pick up your mat and walk.' "**

병자 : 나를 낫게 한 그 남자가 돗자리를 들고 걸으라고 했다.

요 5:12 **So they asked him, "Who is this fellow who told you to pick it up and walk?"**

유대인들 : 누구냐?

요 5:13 **The man who was healed had no idea who it was, for Jesus had slipped away into the crowd that was there.**

나은 자는 누구인지 몰랐다.

---

233) 돗자리를 들고 가는 것을 금하는 것은 원래 모세 5경에는 없었고, 유대인들이 자의적으로 만든 39개 조항의 율법에 있었다. 신약성서에서 말하는 율법은 모세오경 Pentateuch(펜터튜크 : 창세기, 출애굽기, 레위기, 민수기, 신명기)이다. 이스라엘 민족이 애굽을 탈출하여 가나안에 정착하는 혼란스러운 시대를 어떻게 질서 있게 살아남느냐 고민하면서 만들어진 규약. 시대가 지남에 따라 율법을 통해 생명을 부여하려는 하나님의 의지는 사라지고, 단지 율법이라는 세부조항의 형식적 권위만 살아남게 되었다. 예수가 본 유대인의 현실 중 가장 절박한 것은, 어떻게 율법에 얽매여 사는 인간을 해방시키느냐 하는 과제 상황이었다. 율법에서만 해방되어도 천국은 곧 도래한다고 생각했다.

요 5:14 [234]**Later Jesus found him at the temple and said to him, "See, you are well again. [235]Stop sinning or something worse may happen to you."**

후에 예수는 사원에서 그 남자를 발견하고 말씀하셨다.
예수 : 보아라, 너는 다시 좋아졌구나. 죄짓는 것을 멈추어라, 그렇게 하지 않으면 더 나쁜 일이 너에게 일어날지도 모른다.

▸▸ Stop sinning 죄짓는 것을 멈추어라
or something worse 그렇지 않으면 더 나쁜 어떤 일이
may happen to you." 너에게 일어날지도 모른다

요 5:15 **The man went away and told the Jews that it was Jesus who had made him well.**

그를 낫게 한 사람이 예수라고 유대인들에게 말했다.

▸▸ it was Jesus who had made him well. 강조

요 5:16 **So, because Jesus was doing these things on the Sabbath, [236]the Jews persecuted him.**

---

234) 병 고침을 받고 나서 성전에 가 확인을 받아야 한다.
235) 병 고침 받는 것 자체가 영혼 구원을 받는 것은 아니다. 죄로 인한 병은 죄를 그쳐야 한다.
236) 유대인들은 표적에는 관심이 없고 기득권 유지에만 신경을 썼다. 예수 처형의 한 근거가 된다.

안식일에 행했기 때문에 박해

요 5:17 Jesus said to them, [237]"My Father is always at his work to this very day, and I, too, am working."

예수 : 내 아버지께서 지금도 일하시니 나도 일한다.

요 5:18 For this reason the Jews tried all the harder to kill him; not only was he breaking the Sabbath, [238]but he was even calling God his own Father, making himself equal with God.

안식일을 지키지 않았을 뿐만 아니라, 하나님을 그 자신의 아버지라고 불렀기 때문에, 그 자신을 하나님과 동등하게 만들었기 때문에.

[239]요 6:1 Some time after this, Jesus crossed to the far shore of the Sea of Galilee (that is, the Sea of Tiberias),

예수는 갈릴리 바다의 먼 해변을 걸었다.

---

237) 안식일을 바로 지키는 것은 선행을 멈추는 것이 아니라, 죄악을 그치는 것이다. 그게 예수의 뜻이다. 나는 아버지의 가업에 따라 나도 일한다. 예수는 신성, 사역에 있어서 하나님과 동등하다는 것을 분명하게 보여준다.

238) 신성모독이라고 유대인들은 보았다.

239) 요한복음 제4 표적 : 오병이어 표적. 세례요한이 처형되었다는 소식을 들은 예수는 외딴 곳 벳새다(갈릴리 호수 위쪽의 오른쪽 부분)로 이동하는데, 많은 사람들이 예수가 이동하는 것을 알고서는 예수보다 먼저 그곳에 도착했다. 예수의 기적으로 오병이어의 사건을 경험한 5,000명의 군중들은 예수를 왕으로 세워 로마로부터 독립하고 예수 혁명정부를 건설하고자 하는 기대에 부풀기 시작한다. 그러나 이는 예수가 목적했던 바가 아니었기 때문에 예수는 이를 모면하기 위해 산으로 피신한다. 다른 견해에 대해서는 『예수의 역사적 초상』 pp. 154-160 참조.

요 6:2 **and a great crowd of people followed him because they saw the miraculous signs he had performed on the sick.**

많은 수의 무리가 예수를 따랐다, 그들은 예수가 병자에게 행한 기적적인 징표를 보았기 때문에.

요 6:3 **Then Jesus went up on a mountainside and sat down with his disciples.**

예수는 산 중턱에 올라가서 그의 제자들과 앉았다.

요 6:4 **The Jewish Passover Feast was near.**

유월절이 가까웠다.

요 6:5 **When Jesus looked up and saw a great crowd coming toward him, he said to Philip, "Where shall we buy bread for these people to eat?"**

예수가 고개를 들어 많은 무리가 예수를 향해 오고 있는 것을 보았을 때 빌립에게 말했다.
예수 : "어디에서 우리가 이 사람들이 먹을 빵을 살 것인가?"

요 6:6 [240]**He asked this only to test him, for he already had in mind what he was going to do.**

예수는 빌립을 시험하기 위해 물었다, 예수는 이미 무엇을 할지를 마음에 두고 있었기 때문에.

요 6:7 **Philip answered him, [241]"Eight months' wages would not buy enough bread for each one to have a bite!"**

빌립 : 8달의 월급이라도 각자가 먹을 충분한 빵을 살 수가 없습니다.

요 6:8 **Another of his disciples, Andrew, Simon Peter's brother, spoke up,**

안드레가 말했다.

요 6:9 [242]**"Here is a boy with five small barley loaves and two small fish, but how far will they go among so many?"**

안드레 : 5개의 보리빵과 두 개의 작은 물고기를 가진 소년이 있습니다. 그러나 그렇게 많은 가운데 얼마나 갈 수 있습니까?

---

240) 예수께서 의도한 빌립의 대답은 무엇이었을까 생각해 보자. 아직까지도 제자들은 예수의 정체에 대해 모르고 있다. '예수께서 여기에 계신데, 우리가 무슨 고민입니까?'

241) 200데나리온. 마리아가 예수에게 뿌린 향수는 300데나리온.

242) 빵과 물고기에 대한 다른 견해를 살펴보자. 소년이 가진 음식을 내니 다른 어른들도 가진 것을 내어 나누어 먹었다는 견해, 호수에서 다른 어부들로부터 물고기를 얻어서 먹었다는 견해.

요 6:10 **Jesus said, "Have the people sit down."** [243]**There was plenty of grass in that place, and the men sat down, about five thousand of them.**

예수 : 이 사람들을 앉게 하라.
그 장소에는 많은 풀이 있었다. 그 사람들이 앉았다. 남자들만 약 5,000명

요 6:11 [244]**Jesus then took the loaves, gave thanks, and distributed to those who were seated as much as they wanted. He did the same with the fish.**

예수는 빵을 들고 감사하고 앉아 있는 자들에게 나누어 주었다.
물고기도 똑같이 했다.

▸▸ Jesus then <u>took</u> the loaves, 들고

<u>gave thanks</u>, 감사하고

and <u>distributed to</u> those who were seated 나누어 주었다

as much as they wanted. 원하는 만큼

요 6:12 **When they had all had enough to eat, he said to his disciples, "Gather the pieces that are left over. Let nothing be wasted."**

---

243) 목격자로서의 증언이 아니고서는 표현하기 힘들다.

244) 모든 복음서에 나오는 유일한 설화는 오천 명을 먹이심 설화. 오어이병 예수는 오어이병을 들고 took, 감사하고 blessed, 나누어 broke 주었다 gave.

남은 것을 모아라, 아무것도 낭비하지 마라.

요 6:13 **So they gathered them and filled twelve baskets with the pieces of the five barley loaves left over by those who had eaten.**

남은 5개의 보리빵 조각으로 12개의 바구니를 채웠다.

요 6:14 **After the people saw the miraculous sign that Jesus did, they began to say, "Surely this is the Prophet who is to come into the world."**

기적을 보았을 때 말하기 시작했다. 세상에 온 선지자이다.

[245]요 6:15 **Jesus, knowing that they intended to come and make him king by force, withdrew again to a mountain by himself.**

힘으로 예수를 왕으로 만드는 그들의 의도를 알고서는 다시 스스로 산으로 물러갔다.

▸▸ Jesus, 주어

knowing that 아시고서는

they intended to come 와서

---

245) 이 당시 예수는 천국은 하나님이 만드시는 것으로서, 예수가 빵을 만드는 힘으로 정치적인 왕이 되는 것은 악마의 시험의 연속이라고 보았다. 악마의 3가지 시험 중 첫 번째 시험을 생각해 보자. 인류 역사상 일찍이 없었던 큰 표적을 행하신 후의 예수는 자랑하지 않고 산으로 혼자 올라가 기도했다.

and make him king 왕으로 만든다. 5형식

by force, 힘으로

withdrew again to a mountain 동사 1형식

by himself.

[246]요 6:16 **When evening came, his disciples went down to the lake,**

저녁이 되었을 때, 제자들이 호수로 내려갔다.

요 6:17 **where they got into a boat and set off across the lake for Capernaum. By now it was dark, and Jesus had not yet joined them.**

배로 가버나움을 향해 호수를 가로질렀다. 어두웠고, 예수는 아직 그들과 합치지 않았다.

요 6:18 **A strong wind was blowing and the waters grew rough.**

강한 바람이 불고 파도가 거칠었다.

요 6:19 **When they had rowed three or three and a half miles,**

246) 요한복음 제5 표적 : 물 위를 걸음. 다른 견해에 대해서는 『예수의 역사적 초상』 pp. 164-166 참조.

they saw Jesus approaching the boat, [247)]walking on the water; and they were terrified.

그들이 노를 저을 때 예수가 배로 다가오는 것을 보았다, 물 위를 걸으면서.

요 6:20 **But he said to them, "It is I; don't be afraid."**

예수 : 나이다, 두려워 말라.

요 6:21 **Then they were willing to take him into the boat, and immediately the boat reached the shore where they were heading.**

예수를 배로 태우자 즉시 배는 향하고 있는 해변에 도착했다.

[248)]요 9:1 **As he went along, he saw a man blind [249)]from birth.**

예수가 걸어갈 때, 태어날 때부터의 소경을 보았다.

▸▸ he saw a man blind 지각동사 5형식

---

247) 물 위를 걷는다는 것은 물리적으로 불가능하다. 당시 예수는 정치적 지도자가 되기를 바라는 민중의 기대와는 달리 산으로 후퇴했다. 그런 심리 상태를 극복하기 위해 물 위를 걷는 표적이 만들어졌다는 견해도 있다.

248) 요한복음 제6 표적 : 소경

249) 의술로는 고침 받기가 힘든 상태를 가리킨다.

from birth.

요 9:2 **His disciples asked him, "Rabbi, who sinned, this man or his parents, that he was born blind?"**

누가 죄인인가? 이 남사 혹은 부모

요 9:3 **"Neither this man nor his parents sinned," said Jesus, "but this happened so that the work of God might be displayed in his life.**

하나님의 일이 그의 삶 속에서 드러날 수 있도록 이런 일이 발생했다.

요 9:4 [250)]**As long as it is day, we must do the work of him who sent me. Night is coming, when no one can work.**

낮 동안 우리는 나를 보낸 그의 일을 행해야만 한다. 밤이 온다. 아무도 일을 할 수가 없다.

요 9:5 **While I am in the world, [251)]I am the light of the world."**

내가 세상에 있는 동안 나는 세상의 빛이다.

---

250) 밤은 예수 십자가 수난, 낮은 예수의 공생애.
251) 나는 세상의 빛이다. 계속 반복하고 있다.

요 9:6 **Having said this, he spit on the ground, made some mud with the saliva, and put it on the man's eyes.**

마당에 침을 뱉고 타액으로 진흙을 만들어 그 남자의 눈에 넣었다.

▸▸ saliva 썰라이버, 타액

요 9:7 [252)]**"Go," he told him, "wash in the Pool of Siloam" (this word means Sent). So the man went and washed, and came home seeing.**

실로암의 연못에서 씻어라. 보여서 집으로 갔다.

요 9:13 **They brought to** [253)]**the Pharisees the man who had been blind.**

그들은 바리새인들에게 보지 못했던 그 남자를 데리고 갔다.

요 9:14 **Now the day on which Jesus had made the mud and opened the man's eyes was** [254)]**a Sabbath.**

---

252) 인간이 할 수 있는 것들을 요청한 후 예수 사역 전개. 얼마든지 눈을 고칠 수 있으나 실로암에 가서 씻으라고 먼저 순종 여부를 확인한다. 예수의 말씀을 들으면 분명히 들어 줄 것이라는 믿음이 있었다.

253) 당시 바리새인들의 모임은 간이 재판소 역할.

254) 38년 된 병자 고침 사건도 안식일.

안식일이었다.

요 9:15 Therefore the Pharisees also asked him how he had received his sight. "He put mud on my eyes," the man replied, "and I washed, and now I see."

어떻게 그가 눈을 떴는지 물었다.
소경 : 그가 나의 눈에 진흙을 넣고, 나는 씻었다. 그리고 지금 본다.

요 9:16 Some of the Pharisees said, "This man is not from God, for he does not keep the Sabbath." But others asked, "How can a sinner do such miraculous signs?" [255]So they were divided.

유대인들 : 그는 안식일을 지키지 않았다.
다른 유대인들 : 어떻게 죄인이 그런 기적적인 징표를 행할 수 있는가?
의견이 분분했다.

요 9:17 Finally they turned again to the blind man, "What have you to say about him? It was your eyes he opened." The man replied, "He is <u>a prophet</u>."

유대인들 : 너의 눈을 뜨게 한 사람이 어떤 사람이냐?
소경 : 그는 선지자입니다.

---

255) 유대인들 사이에서도 예수의 정체에 대해 의견이 나뉘어졌다.

요 9:18 **The Jews still did not believe that he had been blind and had received his sight until they sent for <u>the man's parents.</u>**

그 남자의 부모에게 보냈다.

요 9:19 **"Is this your son?" they asked. "Is this the one you say was born blind? How is it that now he can see?"**

유대인들 : 너의 아들이냐? 태어날 때부터 맹인이라고?
어떻게 지금 그가 볼 수 있느냐?

요 9:20 **"We know he is our son," the parents answered, "and we know he was born blind.**

소경의 부모 : 그가 우리 아들이고, 태어날 때부터 맹인이었다.

9:21 **But how he can see now, or who opened his eyes, [256]we don't know. Ask him. He is of age; he will speak for himself."**

소경의 부모 : 우리는 모른다. 그에게 물어라, 그는 성인이다.

요 9:22 **His parents said this because they were afraid of the Jews, for already the Jews had decided that anyone who**

---

256) 출교 염려 때문에 부모는 대답을 회피하고 있다.

acknowledged that Jesus was the Christ would be put <u>out of the synagogue</u>.

예수가 그리스도라고 인정하는 누구도 출교할 것이라고 유대인들이 결정했기 때문.

요 9:23 **That was why his parents said, "He is of age; ask him."**

소경의 부모 : 그는 성인이니 그에게 물어라.

요 9:24 **A second time they summoned the man who had been blind.**
"Give glory to God," they said. "We know this man is a sinner."

그들 : 우리는 이 남자가 죄인인 것을 안다.

요 9:25 [257)]**He replied, "Whether he is a sinner or not, I don't know.**
One thing I do know. I was blind but now I see!"

소경 : 그가 죄인인지 아닌지 나는 모른다. 한 가지 내가 아는 것은 나는 맹인이었고 지금 본다.

---

257) 한 가지 아는 것은 내가 소경으로 있다가 지금 보는 그것-복음의 단순성, 예수 말씀에 순종하면 된다, 체험을 고백.

요 9:26 **Then they asked him, "What did he do to you? How did he open your eyes?"**

유대인들 : 무엇을 그가 너에게 행했느냐? 어떻게 그가 너의 눈을 뜨게 했느냐?

요 9:27 **He answered, "I have told you already and you did not listen.**
Why do you want to hear it again? [258]Do you want to become his disciples, too?"

소경 : 내가 이미 말했는데 너희들은 듣지 않았다. 왜 다시 들으려고 하느냐? 너희들도 그의 제자가 되기를 원하느냐?

요 9:28 **Then they hurled insults at him and said, "You are this fellow's disciple! We are disciples of Moses!**

유대인들은 그를 모욕했고
유대인들 : 너는 이 녀석의 제자이지만, 우리는 모세의 제자이다.

요 9:29 **We know that God spoke to Moses, but as for this fellow, we don't even know where he comes from."**

---

258) 이 말을 듣고 바리새인들은 심하게 모욕을 느낌!

하나님이 모세에게 말한 것을 알지만, 이 녀석에 관해서는 우리는 그가 어디에서 왔는지조차도 모른다.

요 9:30 **The man answered, "Now that is remarkable! You don't know where he comes from, yet he opened my eyes.**

소경 : 당신은 그가 어디서 왔는지 모르지만, 그럼에도 그는 나의 눈을 뜨게 했다.

요 9:31 **We know that God does not listen to sinners. He listens to the godly man who does his will.**

하나님은 죄인에게 귀 기울이지 않는다. 그는 하나님의 뜻을 행하는 신성한 남자에게 귀를 기울인다.

요 9:32 **Nobody has ever heard of opening the eyes of a man born blind.**

어느 누구도 전에 태어날 때부터 맹인의 눈을 뜨게 한 것을 듣지 못했다.

▸▸ Nobody has ever heard of 현재완료의 경험

opening the eyes of a man

(who was) born blind.

요 9:33 **If this man were not from God, he could do nothing.”**

이 남자가 하나님으로부터 오지 않았다면, 그는 아무것도 할 수 없었을 텐데.

요 9:34 **To this they replied, [259)]“You were steeped in sin at birth; how dare you lecture us!” [260)]And they threw him out.**

유대인들 : 너는 태어날 때부터 죄에 빠져 있었다. 어떻게 감히 네가 우리에게 강연하려고 하느냐? 그들은 그를 내 았다.

요 9:35 **Jesus heard that they had thrown him out, and when he found him, he said, “<u>Do you believe in the Son of Man</u>?”**

예수는 유대인들이 눈을 뜬 자를 내쫓았다고 들었다. 그를 발견하고서는,
예수 : 너는 인자를 믿느냐?

요 9:36 **“Who is he, sir?” the man asked. “Tell me so that I may believe in him.”**

소경 : 누가 그입니까? 제가 그를 믿을 수 있게 저에게 말해 주시오.

---

259) 유대인들은 '네가 죄에서 난 주제에 우리를 가르치려고 드느냐?' 라고 반발.
260) 출교 여부!

요 9:37 **Jesus said, "You have now seen him; in fact, he is the one speaking with you."**

예수 : 너는 그를 지금 보고 있다. 사실상 그는 너하고 이야기하고 있는 그이다.

요 9:38 [261)]**Then the man said, "Lord, I believe," and he worshiped him.**

주님, 나는 믿습니다. 그는 예수를 숭배했다.

요 9:39 **Jesus said, [262)]"For judgment I have come into this world, so that the blind will see and those who see will become blind."**

예수 : 심판을 위해 나는 이 세상에 왔다. 맹인이 볼 것이고, 보는 사람들이 맹인이 될 것이다.

요 9:40 **Some Pharisees who were with him heard him say this and asked, "What? Are we blind too?"**

그와 함께 있던 바리새인들이 예수가 말하는 것을 듣고 물었다.
바리새인들 : "무엇이라고? 우리가 맹인이냐?"

---

261) '주님, 제가 믿습니다.' 하며 절을 했다. 믿음을 실행으로 옮김, 경배의 대상에게 엎드림, 동방박사 엎드림, 신앙은 태도도 중요.

262) 믿는 자에게는 구원, 믿지 않는 자에게는 심판하기 위해 예수가 왔다. 보지 못한다고 하나 보는 것이 구원이고, 볼 수 있다고 하나 실제로 보지 못하는 상태가 바로 심판이다.

요 9:41 **Jesus said, "If you were blind, you would not be guilty of sin;**
but now that you claim you can see, your guilt remains.

예수 : 당신들이 볼 수 있다고 주장하니까 당신의 죄는 남아 있다.

▸▸ If you were blind, 가정법 과거 if -were

you would not be guilty of sin; would 원형

but now that you claim you can see, -이니까

your guilt remains.

[263]요 11:1 **Now a man named [264]Lazarus was sick. He was from Bethany, the village of Mary and her sister Martha.**

나사로가 아팠다. 베다니 출신이다, 마리아와 그의 언니인 마르다의 고향인.

요 11:2 **This Mary, whose brother Lazarus now lay sick, was the same one who [265]poured perfume on the Lord and wiped his feet with her hair.**

---

263) 요한복음 제7 표적 : 죽은 나사로를 살리심. 다른 견해에 대해서는 『예수의 역사적 초상』 pp. 215-245 참조.

264) 복음서에는 문둥병 환자 나사로와 거지 나사로 이야기가 나온다.

265) 뒤의 12장에서 나올 사건을 미리 제시, 공관복음의 향유 바름 사건과 비교해 보자.

마리아는 그의 동생인 나사로가 아파서 누워 있는, 주님에게 향을 쏟아 그녀의 머리로 예수의 발을 씻은 같은 사람이었다.

요 11:3 **So the sisters sent word to Jesus, [266]"Lord, the one you love is sick."**

예수에게 전갈을 보냈다.
자매들 : 주님, 당신이 사랑하는 자가 아픕니다.

요 11:4 **When he heard this, Jesus said, "This sickness will not end in death. No, it is for [267]God's glory so that God's Son may be glorified through it."**

예수 : 이 병은 죽음으로 끝나지 않을 것이다. 하나님의 영광을 위한 것이다,
하나님의 아들이 그것을 통해 영광스럽게 될 수 있도록.

▸▸ it is for God's glory

so that God's Son may be glorified through it.

\- 할 수 있도록

요 11:5 **Jesus loved Martha and her sister and Lazarus.**

---

266) 공개 수배 중인 예수는 위 전갈로 생명의 위험을 느끼게 된다. 친구를 위해 죽는 것보다 더 큰 사랑은 없다. 예수는 고민했다.

267) 선천적 소경을 고침 사건과 마찬가지로 하나님의 영광을 드러내기 위한 질병이다.

예수는 마르다를 사랑했고 그의 자매와 나사로를 사랑했다.

요 11:6 **Yet when he heard that Lazarus was sick, he stayed where he was** [268]**two more days.**

나사로가 아프다는 말을 들었음에도 불구하고 예수는 이틀을 더 머물렀다.

요 11:7 **Then he said to his disciples,** [269]**"Let us go back to Judea."**

예수 : 유대로 돌아가자.

요 11:8 **"But Rabbi," they said, "a short while ago the Jews tried to stone you, and yet you are going back there?"**

제자들 : 유대인들이 당신에게 돌을 던지려 했소. 그럼에도 당신은 거기에 돌아가겠다고?

요 11:9 **Jesus answered, "Are there not twelve hours of daylight? A man who walks by day will not stumble, for he sees by this world's light.**

---

268) 바로 달려가지 않고 이틀을 더 머문 이유는? 기도하면서 하나님의 명령을 듣기 위해.
269) 예수는 기도 결과 하나님의 명령이 나사로를 위해 죽는 것이라면 기꺼이 죽겠다고 결심했다는 견해.

예수 : 낮의 12시간이 있지 않느냐? 낮에 걷는 사람은 넘어지지 않는다, 이 세상의 빛에 의해 볼 수 있기 때문에.

요 11:10 **It is when he walks by night that he stumbles, for he has no light."**

넘어지는 것은 밤에 걸었을 때이다. 그는 빛을 가지고 있지 않다.

요 11:11 **After he had said this, he went on to tell them, "Our friend Lazarus has fallen asleep; but I am going there to wake him up."**

우리 친구인 나사로가 잠에 들었다. 그를 깨우기 위해 가야 한다.

요 11:12 [270)]**His disciples replied, "Lord, if he sleeps, he will get better."**

제자들 : 주님, 그가 잠자면 다시 좋아질 것입니다.

요 11:13 **Jesus had been speaking of his death, but his disciples thought he meant natural sleep.**

그의 제자들은 자연적인 잠을 의미하는 것으로 생각했다.

---

270) 제자들의 오해!

요 11:14 **So then he told them plainly, "Lazarus is dead,**

예수 : 나사로가 죽었다.

요 11:15 **and for your sake I am glad I was not there, so that you may believe. But let us go to him."**

내가 그곳에 없어서 기쁘다, 너희들이 믿을 수 있도록. 그에게로 가자.

요 11:16 **Then Thomas (called Didymus) said to the rest of the disciples, "Let us also go, that we may die with him."**

도마 : 또한 가자, 우리가 그와 함께 죽을 수 있게.

요 11:17 **On his arrival, Jesus found that Lazarus had already been in the tomb for four days.**

나사로는 이미 4일 동안 무덤에 있었다.

요 11:18 **Bethany was less than two miles from Jerusalem,**

베다니는 예루살렘으로부터 2마일도 안 되었다.

요 11:19 **and many Jews had come to Martha and Mary to comfort them in the loss of their brother.**

많은 유대인들이 마르다와 마리아에게 왔다, 형제의 죽음을 위로하기 위해.

요 11:20 **When Martha heard that Jesus was coming, she went out to meet him, but Mary stayed at home.**

마르다가 예수가 왔다고 들었을 때 그녀는 예수를 만나러 나갔지만, 마리아는 집에 있었다.

요 11:21 **"Lord," Martha said to Jesus, "if you had been here, my brother would not have died.**

마르다 : 당신이 여기에 있었다면, 나의 형제는 죽지 않았을 텐데.

▸▸ if you had been here, 가정법 과거완료
my brother would not have died.

요 11:22 **But I know that even now God will give you whatever you ask."**

지금이라도 하나님은 당신에게 당신이 요청하는 무엇이나 주실 것임을 나는 안다.

요 11:23 **Jesus said to her, "Your brother will rise again."**

예수 : 너의 형제는 다시 일어날 것이다.

요 11:24 **Martha answered, "I know he will rise again in the resurrection at the last day."**

마르다 : 마지막 날의 부활에 그가 일어날 것을 압니다.

요 11:25 **Jesus said to her, "I am the resurrection and the life. He who believes in me will live, even though he dies;**

예수 : 나는 부활이요 생명이다. 나를 믿는 자는 살 것이다, 비록 그가 죽는다고 해도.

요 11:26 **and whoever lives and believes in me will never die. Do you believe this?"**

내 안에 살고 믿는 누구나 결코 죽지 않을 것이다. 너는 이것을 믿느냐?

▸▸ whoever lives and believes in me 누구나
will never die. 동사, 1형식

요 11:27 **"Yes, Lord," she told him, "I believe that you are the Christ, the Son of God, who was to come into the world."**

마르다 : 나는 당신이 그리스도, 하나님의 아들임을 믿습니다, 세상 속

으로 온.

요 11:28 **And after she had said this, she went back and called her sister Mary aside. "The Teacher is here," she said, "and is asking for you."**

마르다는 마리아에게 말했다.
마르다 : 선생님이 여기에 왔다.

요 11:29 **When Mary heard this, she got up quickly and went to him.**

그녀는 재빨리 나가서 예수에게로 갔다.

요 11:30 **Now [271)]Jesus had not yet entered the village, but was still at the place where Martha had met him.**

예수는 아직 마을로 들어가지 않고, 마르다가 예수를 만났던 곳에 있었다.

요 11:31 **When the Jews who had been with Mary in the house, comforting her, noticed how quickly she got up and went out, they followed her, supposing she was going to the tomb to mourn there.**

---

271) 산헤드린에서 사형 선고를 받고 도망자 신분이었기 때문에 마을로 들어가지 못하는 당시 상황.

마리아가 나가자 유대인들이 따라 나섰다.

요 11:32 **When Mary reached the place where Jesus was and saw him, she fell at his feet and said, "Lord, if you had been here, my brother would not have died."**

마리아는 예수의 발에 넘어져 말했다.
마리아 : "주님, 당신이 여기에 있었다면, 나의 형제는 죽지 않았을 텐데."

▸▸ if you <u>had been</u> here, 가정법 과거완료
my brother <u>would not have died</u>."

요 11:33 **When Jesus saw her weeping, and the Jews who had come along with her also weeping, he was deeply moved in spirit and troubled.**

예수는 깊게 정신적으로 감동을 받고 고통스러웠다.

요 11:34 **"Where have you laid him?" he asked. "Come and see, Lord," they replied.**

예수 : 어디에 네가 그를 두었느냐?
그들 : 와서 보세요, 주님.

요 11:35 [272]**Jesus wept.**

예수는 울었다.

요 11:36 **Then the Jews said, "See how he loved him!"**

유대인들 : 얼마나 예수가 그를 사랑하는지 보라.

요 11:37 **But some of them said, "Could not he who opened the eyes of the blind man have kept this man from dying?"**

유대인들 : 맹인의 눈을 뜨게 한 그가 죽어가는 이 남자를 막을 수는 없었을까?

▸▸ Could not he 주어

who opened the eyes of the blind man

have kept this man from dying? 이 남자를 죽음으로부터 막다

요 11:38 **Jesus, once more deeply moved, came to the tomb. It was a cave with a stone laid across the entrance.**

입구를 막은 돌을 가진 동굴이었다.

---

272) 눈물을 흘리는 예수. 예수 인성의 근거이다. 예수가 눈물을 흘린 이유는?

요 11:39 **"Take away the stone," he said. "But, Lord," said Martha, the sister of the dead man, "by this time there is a bad odor, for he has been there four days."**

예수 : 이 돌을 치워라.
마르다 : 나쁜 냄새가 납니다. 그가 4일이나 그곳에 있었습니다.

요 11:40 **Then Jesus said, "Did I not tell you that if you believed, you would see the glory of God?"**

예수 : 너희가 믿으면 하나님의 영광을 볼 수 있을 것이라고 내가 말하지 않았느냐?

요 11:41 **So they took away the stone. Then Jesus looked up and said, "Father, I thank you that you have heard me.**

아버지, 당신이 나의 말을 들어 줄 것이라고 생각합니다.

요 11:42 **I knew that you always hear me, but I said this for the benefit of the people standing here, that they may believe that you sent me."**

여기에 서 있는 사람들의 이익을 위해 이것을 말합니다, 그들이 당신이 나를 보낸 것을 믿을 수 있도록 하기 위해.

요 11:43 **When he had said this, Jesus called in a loud voice, "Lazarus, come out!"**

예수는 큰 소리로 불렀다.
예수 : 나사로야, 나오너라!

요 11:44 **The dead man came out, his hands and feet wrapped with strips of linen, and a cloth around his face. Jesus said to them, "Take off the grave clothes and let him go."**

죽은 자는 나왔다, 그의 손과 발이 헝겊으로 싸였다, 그의 얼굴에는 헝겊이. 무덤의 옷을 벗기고 그를 가게 하라.

요 11:45 **Therefore many of the Jews who had come to visit Mary, and had seen what Jesus did, put their faith in him.**

많은 유대인들이 예수를 믿게 되었다.

Soon afterward, Jesus went to a town called <u>Nain</u>, and his disciples and a large crowd went along with him.

[273]예수는 나인 마을에 갔다. 제자들과 군중이 따랐다.

---

273) 눅 7:11-17, 나인 성 과부 아들. 이 사건은 누가복음에만 언급된 기사이다. 예수께서는 공생애 기간 동안 세 번 죽은 자를 살리셨다. 첫 번째 본문이 본 기사이고 두 번째가 '회당장 야이로의 딸을 살리신 일' (눅 8:41-42, 49-56), 세 번째는 '나사로를 살리신 일' (요 11:1-44)이다.

As he approached the town gate, a dead person was being carried out,the only son of his mother, and she was a widow.

예수가 마을 입구에 도달했을 때 과부의 외아들인 죽은 자의 행렬이 있었다.

He said, "Young man, I say to you, get up!"

예수 : 젊은이여, 내가 너에게 말한다, 일어나라!

The dead man sat up and began to talk, and Jesus gave him back to his mother. They were all filled with awe and praised God.

죽은 자는 일어나 앉아 말하기 시작했다. 예수는 그를 그의 어머니에게 되돌려 주었다. 그들은 모두 경외감으로 가득 차 하나님을 찬양했다.

While he was saying this, a ruler came and knelt before him and said,
"My daughter has just died. But come and put your hand on her, and she will live." Jesus got up and went with him, and so did his disciples.

[274]회당장 : "제 딸이 조금 전에 죽었습니다. 오셔서 손을 얹어 주십시오. 그러면 다시 살아날 것입니다." 예수께서 일어나 회당장을 따라가셨다. 제자들도 같이 갔다.

▸▸ My daughter has just died. 현재완료(결과)

But come and put your hand on her, 명령문

and she will live. 그러면

Just then a woman who had been subject to bleeding for twelve years came up behind him and touched the edge of his cloak.

가는 길에, 십이 년 동안, 혈루증을 앓아온 한 여자가 예수의 뒤로 와서 옷깃을 만졌다.

She said to herself, "If I only touch his cloak, I will be healed." Jesus turned and saw her. "Take heart, daughter," he said, "your faith has healed you." And the woman was healed from that moment.

그녀 : '예수의 옷을 만지기만 해도 내가 나을 거야!'
[275]예수 : "안심해라, 딸아! 네 믿음이 너를 구원했다."
그 즉시, 그 여자의 병이 나았다.

---

274) 마 9:18-38, 회당장의 죽은 딸.

275) 예수의 기적은 예수를 믿음으로써 시작된다. 천국에 가는 길은 예수를 믿는 것만으로는 부족하고, 예수를 믿고 예수가 말한 바를 실천해야 한다.

▸▸ If I only touch his cloak, 조건문. 현재가 미래 대용

I will be healed.

When Jesus entered the ruler's house and saw the flute players and the noisy crowd,

예수께서 회당장의 집에 도착했을 때였다. 예수는 피리 부는 사람들과 떠드는 사람들을 보셨다.

he said, "Go away. The girl is not dead but asleep." But they laughed at him.

예수 : "물러나라. 소녀는 죽은 것이 아니라 자고 있는 것이다."
그러자 사람들이 예수를 비웃었다.

After the crowd had been put outside, he went in and took the girl by the hand, and she got up. News of this spread through all that region.

사람들을 밖으로 내보낸 뒤, 예수께서 들어가셔서 소녀의 손을 잡았다. 그러자 소녀가 일어났다. 이 소식은 온 동네 사방으로 퍼져 나갔다.

Then he went down to Capernaum, a town in Galilee, and on the Sabbath began to teach the people.

[276]예수는 갈릴리의 가버나움으로 내려가서, 안식일에 사람들을 가르치기 시작했다.

They were amazed at his teaching, because his message had authority.
In the synagogue there was a man possessed by a demon, an evilspirit.

그의 메시지는 권위가 있었기 때문에 사람들은 가르침에 놀랐다. 회당에 악마인 악령에 시달리는 한 남자가 있었다.

He cried out at the top of his voice, "Ha! What do you want with us, Jesus of Nazareth? Have you come to destroy us? I know who you are, the Holy One of God!"

[277]한 남자 : 나사렛의 예수여, 우리에게 무엇을 원하십니까? 당신은 우리를 파괴하러 왔습니까? 우리는 당신이 누구신지 압니다, 하나님의 성스러운 분이시여.

"Be quiet!" Jesus said sternly. "Come out of him!"

예수 : 조용히 해라. 그에게서 나오너라!

276) 눅 4:31-44, 악령 들린 한 남자. 다른 견해에 대해서는 『예수의 역사적 초상』 pp. 123-135 참
277) 악령도 예수의 신분에 대해 알고 있다.

Then the demon threw the man down before them all and came out without injuring him.

악마는 그 남자를 쓰러뜨려 상처 입히지 않고 나왔다.

All the people were amazed and said to each other, "What is this teaching? With authority and power he gives orders to evil spirits and they come out!"

사람들 : 이러한 가르침이 무엇이냐? 권위와 힘을 가지고 그가 악령에게 명령을 내리면, 악령은 나온다.

When they came to the crowd, a man approached Jesus and knelt before him. "Lord, have mercy on my son," he said. "He has seizures and is suffering greatly.

[278]어떤 사람 : "주님, 제 아들에게 자비를 베풀어 주십시오. 이 아이가 간질에 걸려서 너무나 고생하고 있습니다.

He often falls into the fire or into the water. I brought him to your disciples, but they could not heal him."

이 아이는 가끔 불에도 뛰어들고, 물에도 뛰어듭니다. 제가 이 아이를

278) 마 17:14-23, 엑소시즘

제자들에게 데리고 왔었는데, 고칠 수 없었습니다."

"O unbelieving and perverse generation," Jesus replied, "how long shall I stay with you? How long shall I put up with you? Bring the boy here to me."

[279]예수 : "아! 믿음이 없고, 뒤틀어진 세대여! 도대체 언제까지 내가 너희와 함께 있어야 하겠느냐? 언제까지 내가 너희를 참아야 하겠느냐? 그 아이를 내게 데리고 오너라."

Jesus rebuked the demon, and it came out of the boy, and he was healed from that moment.

예수께서 귀신을 꾸짖으셨다. 그러자 귀신이 아이에게서 나가고, 그 아이는 즉시 나았다.

Then the disciples came to Jesus in private and asked, "Why couldn't we drive it out?"

제자들 : "어째서 우리는 귀신을 쫓아낼 수 없었습니까?"

He replied, "Because you have so little faith. I tell you the truth, if you have faith as small as a mustard seed, you can say to this

---

279) 제자들을 꾸짖음.

mountain, 'Move from here to there' and it will move. Nothing will be impossible for you."

[280]예수 : "너희 믿음이 적어서이다. 내가 너희에게 진정으로 말한다. 너희에게 겨자씨 한 알만 한 믿음이 있으면, 이 산을 향해 '여기서 저기로 움직여라.' 말할 것이다. 그러면 산이 움직일 것이다. 너희가 못 할 일이 아무것도 없을 것이다."

While Jesus was in one of the towns, a man came along who was covered with leprosy.

[281]예수가 마을의 한 곳에 있을 동안 문둥병에 걸린 한 남자가 왔다.

When he saw Jesus, he fell with his face to the ground and begged him,
"Lord, if you are willing, you can make me clean."

예수를 보자 얼굴을 땅에 대고 꿇어앉아 간청했다.
[282]그 남자 : 주님, 원하신다면 주님은 저를 깨끗하게 하실 수 있습니다.

▸▸ if you are willing, 당신이 원한다면

280) 질병을 치료하는 데에는 믿음이 중요하나, 천국에 가려면 믿음만으로는 부족하다. 예수의 말씀을 듣고 실천해야 한다.

281) 눅 5:12-39, 문둥병자, 중풍병자를 고침.

282) 믿음이 기적의 바탕이다.

you can make me clean. 사역동사 make, 목적어, 원형보어 clean, 5형식

Jesus reached out his hand and touched the man. "I am willing," he said. "Be clean!" And immediately the leprosy left him.

예수는 그의 손을 뻗어 그 남자를 만졌다.
예수 : 내가 원하노라, 깨끗해라. 즉시 그 문둥병은 떠나갔다.

Some men came carrying a paralytic on a mat and tried to take him into the house to lay him before Jesus.

[283]어떤 사람들이 매트에 중풍병을 가진 자를 데리고 왔다. 그 집으로 그를 데리고 가기 위해 노력했다, 예수 앞에 그를 놓기 위해.

When they could not find a way to do this because of the crowd, they went up on the roof and lowered him on his mat through the tiles into the middle of the crowd, right in front of Jesus.

군중 때문에 방법을 발견할 수 없었을 때 지붕으로 올라갔다. 그를 예수 바로 앞에 군중의 가운데 속으로 타일을 통해 그의 매트를 내려놓았다.

---

283) 막 2:1-12, 중풍 환자를 고침. 다른 견해에 대해서는 『예수의 역사적 초상』 pp. 135-137 참조.

When Jesus saw their faith, he said, "Friend, your sins are forgiven."

예수 : 친구여, 네 죄가 용서되었느니라.

The Pharisees and the teachers of the law began thinking to themselves,
"Who is this fellow who speaks blasphemy? Who can forgive sins but God alone?"

그들 : 이자가 누구인데 신성모독을 이야기하고 있는가? 누가 하나님을 제외하고 죄를 용서할 수 있느냐?

▸▸ Who can forgive sins

but God alone? 제외하고는 except

He said to the paralyzed man, "I tell you, get up, take your mat and go home."

예수는 중풍 환자에게 말씀하셨다.
예수 : 일어나 너의 매트를 가지고 집으로 가라.

Immediately he stood up in front of them, took what he had been lying on and went home praising God.

즉시 그는 그들 앞에서 일어나 그가 앉아 있던 것을 가지고 하나님을 찬양하면서 집으로 갔다.

Then he got into the boat and his disciples followed him.

[284)]예수께서 배를 타시자, 제자들이 함께 따라왔다.

Without warning, a furious storm came up on the lake, so that the waves swept over the boat.

호수에 매우 거친 폭풍이 일어나, 파도가 배를 뒤덮었다.

But Jesus was sleeping.

그러나 예수께서는 주무시고 계셨다.

The disciples went and woke him, saying, "Lord, save us! We're going to drown!"

제자들 : "주님, 살려 주십시오! 우리가 빠져 죽을 지경입니다."

He replied, "You of little faith, why are you so afraid?"

---

284) 마 8:23-27, 폭풍을 잔잔케 함.

예수 : "왜 무서워하느냐? 믿음이 적은 자들아!"

Then he got up and rebuked the winds and the waves, and it was completely calm.

그리고 일어나 바람과 바다를 꾸짖으시자, 아주 잠잠해졌다.

The men were amazed and asked, "What kind of man is this? Even the winds and the waves obey him!"

사람들 : "도대체 예수님은 어떤 분이라서 바람과 바다도 이분의 말씀에 순종하는가!"

Q5.

예수를 만난 사람들

Q1.

예수를 만난 사람들

[285]Now there was a man of the Pharisees named Nicodemus, a member of the Jewish ruling council.

니고데모라는 유대 공의회 의원인 바리새인이 있었다.

He came to Jesus [286]at night and said, “Rabbi, we know you are [287]a teacher who has come from God. For no one could perform the miraculous signs you are doing if God were not with him.”

밤에 왔다.
[288]니고데모 : 우리는 당신이 하늘에서 온 선생이라는 것을 압니다. 왜냐하면 어느 누구도 당신이 행한 기적적인 표징을 행할 수 없습니다, 하나님께서 함께 있지 않다면.

---

285) 요 3:1, 니고데모

286) 산헤드린 의원인 니고데모는 신분상 은밀하게 밤에 올 수밖에 없었다는 당시 사정. 밤은 무지를 나타내는 비유이다.

287) 니고데모는 예수에 대해 처음에는 주가 아닌 선생으로 알고 찾아왔다.

288) 니고데모의 오해.

In reply Jesus declared, "I tell you the truth, no one can see the kingdom of God unless he is born again."

예수 : 그가 다시 태어나지 않는다면 누구든지 하나님의 왕국을 볼 수 없다.

"How can a man be born when he is old?" Nicodemus asked. "Surely he cannot enter a second time into his mother's womb to be born!"

니고데모 : 태어나기 위해 그의 어머니의 자궁으로 두 번째 들어갈 수는 없습니다.

Jesus answered, "I tell you the truth, no one can enter the kingdom of God unless he is born of water and the Spirit.

예수 : 그가 물과 성령으로 태어나지 않는다면, 하나님의 왕국으로 들어갈 수 없다.

[289]**Flesh gives birth to flesh, but the Spirit gives birth to spirit.**

육신은 육을 낳고, 성령은 영을 낳는다.

289) 육신은 나약한 존재, 죽을 몸, 성령은 영생.

You should not be surprised at my saying, 'You must be born again.'

다시 태어나야만 한다는 나의 말에 놀라지 마라.

The wind blows wherever it pleases. You hear its sound, but you cannot tell where it comes from or where it is going. So it is with everyone born of <u>the Spirit.</u>"

바람은 원하는 곳으로 분다. 너는 바람의 소리를 듣지만 어디에서 와서 어디로 가는지 말할 수 없다. 성령으로 태어난 모든 사람도 같다.

"How can this be?" Nicodemus asked.

니고데모 : 어떻게 위와 같이 될 수 있습니까?

[290]**"You are Israel's teacher," said Jesus, " and do you not understand these things?**

예수 : 당신은 이스라엘의 선생이면서도 위와 같은 일들을 이해하지 못하느냐?

I tell you the truth, we speak of what we know, and we testify

290) 니고데모는 구약은 알았으나 구약이 지시하는 메시아에 대한 인식이 없었다. 지식 자체가 구원에 이르게 할 수는 없다. 진리를 깨달아야 한다. 진리가 너희를 자유롭게 하리라.

to what we have seen, but still you people do not accept our testimony.

예수 : 우리는 우리가 아는 것을 말하고 우리가 보아온 것에 대해 증언하지만, 여전히 너희 사람들은 우리의 증언을 받아들이려 하지 않는다.

I have spoken to you of earthly things and you do not believe; how then will you believe if I speak of heavenly things?

나는 너희들에게 땅의 일들을 이야기했지만 너희들은 믿으려 하지 않는다. 어떻게 내가 천국의 일들을 이야기한다고 너희들이 믿을 것이냐?

No one has ever gone into heaven except the one who came from heaven, the Son of Man.

천국으로부터 온 인자를 제외하고는 어느 누구도 천국으로 들어간 자가 없다.

[291]**Just as Moses lifted up the snake in the desert, so the Son of Man must be lifted up,**

모세가 사막에서 뱀을 들어 올렸듯이, 인자도 그렇게 들어 올려져야 한다.

291) 요한복음에서 '들린다' 는 것은 십자가의 영광을 나타낸다.

that everyone who believes in him may have eternal life.

[292]인자를 믿는 누구나 영생을 가질 수 있다.

[293]**"For God so loved the world that he gave his one and only Son, that whoever believes in him shall not perish but have eternal life.**

하나님이 세상을 너무나 사랑하셔서 그의 독생자를 주셨으니, 그를 믿는 누구나 멸망하지 않고 영생을 얻을 것이다.

▸▸God so loved the world that 하나님께서 이 세상을 너무나 사랑하셔서

he gave his one and only Son, 그의 독생자를 주셨으니

For God did not send his Son into the world to condemn the world, but to save the world through him.

[294]하나님은 그의 아들을 세상을 심판하기 위해 세상으로 보낸 것이 아니라, 그를 통해 세상을 구원하기 위해 보냈다.

Whoever believes in him is not condemned, but [295]**whoever**

292) 요한복음의 주제이다.

293) 이 유명한 말은 예수께서 니고데모와의 대화 중에 하신 말씀이다.

294) 이 세상은 이미 타락하여 지옥이다. 예수는 이들을 심판하러 온 것이 아니라, 예수를 믿는 자들을 구원하기 위해 온 것이다.

295) 예수 그리스도를 영접하지 않으면 이미 심판을 받은 것이다.

does not believe stands condemned already because he has not believed in the name of God's one and only Son.

그를 믿는 누구나 심판받지 않지만, 믿지 않는 누구나 이미 심판을 받은 것이다. 왜냐하면 그는 하나님의 독생자의 아들을 믿지 않았기 때문에.

This is the verdict: [296)]Light has come into the world, but men loved darkness instead of light because their deeds were evil.

평결이다. 빛이 이 세상 속으로 왔으나 인간은 빛 대신에 어둠을 사랑했다. 왜냐하면 그들의 행동이 사악하기 때문에.

Everyone who does evil hates the light, and will not come into the light for fear that his deeds will be exposed.

사악한 누구나 빛을 싫어한다. 그의 행동이 드러나는 것을 두려워해 빛으로 나오지 않을 것이다.

But whoever lives by the truth comes into the light, so that it may be seen plainly that what he has done has been done through God.

---

296) 빛은 진리의 근원, 죄에 대한 심판, 영생으로의 인도.

진실에 의해 살아가는 누구나 빛으로 나온다. 그가 행한 것이 하나님을 통해 행한 것이라는 것을 명백하게 드러내기 위해.

[297]Now he had to go through <u>Samaria.</u>

사마리아를 통해 가야만 했다.

So he came to a town in Samaria called Sychar, near the plot of ground <u>Jacob</u> had given to his son Joseph.

수가에 도착했다, 야곱이 그의 아들 요셉에게 준 땅 근처인.

Jacob's well was there, and Jesus, tired as he was from the journey, sat down by the well. It was [298]<u>about the sixth hour</u>.

야곱의 우물이 근처에 있었다. 여행으로 피곤해 우물가에 앉았다. 6시경이었다.

When <u>a Samaritan woman</u> came to draw water, Jesus said to her, "Will you give me a drink?"

사마리아 여인이 물을 길으러 왔다.

---

297) 요 4:4, 사마리아 여인.

298) 낮 12시경. 아주 무더웠기 때문에 우물에는 아무도 없을 것이라고 생각하고 사마리아 여인이 물을 길러 우물가로 나왔다. 사마리아 여인이 다른 주민들을 만나기 꺼려하는 부도덕한 일을 하는 여인이라는 것을 암시한다.

예수 : 당신은 나에게 물을 줄 수 있소?

(His disciples had gone into the town to buy food.)

제자들은 음식을 사러 마을에 갔다.

The Samaritan woman said to him, "You are a Jew and I am a Samaritan woman. How can you ask me for a drink?" (For [299]Jews do not associate with Samaritans.)

사마리아 여인 : 당신은 유대인이고 나는 사마리아 여인인데, 어찌하여 나에게 물을 달라고 합니까? (유대인들은 사마리아인들과 교제하지 않았기 때문이다.)

Jesus answered her, "If you knew the gift of God and who it is that asks you for a drink, you would have asked him and he would have given you living water."

예수 : 당신이 하나님의 선물을 알고, 당신에게 물을 달라고 하는 사람이 누구인가를 알았다면, 그는 당신에게 생수를 주었을 텐데.

---

299) 유대인들은 사마리아 사람들을 이방인들과의 혼혈인이라고 무시하여 교제하지 않았다.

"Sir," [300]the woman said, "you have nothing to draw with and the well is deep. Where can you get this living water?

사마리아 여인 : 당신은 물을 길을 아무것도 갖고 있지 않고 우물은 깊습니다. 어디에서 생수를 얻을 수 있습니까?

Are you greater than our father Jacob, who gave us the well and drank from it himself, as did also his sons and his flocks and herds?"

사마리아 여인 : 당신이 우리에게 이 우물을 준 우리의 아버지 야곱보다 위대합니까? 또한 그의 자손들, 가축들이 물을 마시고 있듯이.

Jesus answered, "Everyone who drinks this water will be thirsty again,

예수 : 이 물을 마시는 누구나 다시 목마르다.

but whoever drinks the water I give him will never thirst. Indeed, the water I give him will become in him a spring of water welling up to eternal life."

300) 사마리아 여인의 오해. 예수를 만난 성전청결 사건에서의 유대인들, 니고데모, 사마리아 여인은 예수의 말을 이해하지 못했다. 예수는 영생을 이야기하고 있는데, 사마리아 여인은 마시는 물로 오해했다.

내가 주는 물을 마시는 누구나 다시는 목마르지 않다. 그에게 영생까지 넘쳐나는 물의 샘이 될 것이다.

The woman said to him, "Sir, give me this water so that I won't get thirsty and have to keep coming here to draw water."

여인 : 저에게 이 물을 주십시오, 내가 목마르지 않고 물을 길으러 이곳에 오지 않아도 될.

He told her, "Go, call your husband and come back."

예수 : 가서 너의 남편을 불러 다시 돌아오거라.

"I have no husband," she replied. Jesus said to her, "You are right when you say you have no husband.

네가 남편이 없다고 말하니 네가 옳다.

The fact is, you have had five husbands, and the man you now have is not your husband. What you have just said is quite true."

5남편을 가지고 있었고, 지금의 남자는 너의 남편이 아니다.

"Sir," the woman said, "I can see that you are <u>a prophet</u>.

여인 : 저는 당신이 선지자인 것을 알 수가 있습니다.

Our fathers worshiped on this mountain, but you Jews claim that the place where we must worship is in Jerusalem."

우리의 조상들은 이 산에서 예배했지만, 당신 유대인들은 우리가 예배해야만 하는 장소는 예루살렘에 있다고 주장합니다.

Jesus declared, "Believe me, woman, a time is coming when you will worship the Father neither on this mountain nor in Jerusalem.

예수 : 너희가 아버지를 이 산도 아니고 예루살렘도 아닌 곳에서 예배해야 하는 때가 올 것이다.

The woman said, "I know that Messiah (called Christ)" is coming. When he comes, he will explain everything to us."

여인 : 메시아가 올 때 우리에게 모든 것을 설명할 것입니다.

Then Jesus declared, "<u>I who speak to you am he</u>."

예수 : 너와 말하고 있는 내가 그이다.

Meanwhile his disciples urged him, "Rabbi, eat something."

제자들 : 스승이여, 무엇을 좀 드십시오.

But he said to them, "I have food to eat that you know nothing about."

예수 : 너희들이 알지 못하는 먹을 음식을 가지고 있다.

Then [301]his disciples said to each other, "Could someone have brought him food?"

제자들 : 누가 예수에게 음식을 가져다 준 걸까?

"My food," said Jesus, "is to do the will of him who sent me and to finish his work. "

나의 음식은 나를 보낸 분의 의지를 행하고 그의 일을 완성하는 것이다.

The teachers of the law and the Pharisees brought in a woman caught in adultery. They made her stand before the group

[302]간음한 여인

---

301) 제자들도 오해. 예수는 영생을 이야기하고 있는데, 제자들은 먹는 음식으로 오해했다.
302) 요 8:3, 간음한 여인.

and said to Jesus, "Teacher, this woman was caught in the act of adultery.

간통 중에 잡혔다.

In the Law Moses commanded us to stone such women. Now what do you say?"

율법에는 그런 여인에게 돌을 던진다.

[303]**They were using this question as a trap, in order to have a basis for accusing him.**

덫으로 질문, 예수를 기소할 근거를 갖기 위해.

When they kept on questioning him, he straightened up and said to them, [304]"If any one of you is without sin, let him be the first to throw a stone at her."

누구든지 죄가 없다면 그녀에게 첫 번째로 돌을 던져라.

Again he stooped down and wrote on the ground.

---

303) 간음 중에 잡힌 여자 사건-현장에서 잡아옴. 율법에 의하면 현장에서 돌로 쳐 죽임. 로마법과 율법 문제. 유대인들은 여자만 붙잡았기 때문에 이미 율법 경시. 율법에 의하면 당사자 모두 죽여야 함. 예수께서 여인을 방면하면 율법을 어기게 되고, 여인을 돌로 쳐 죽이면 로마법 위반이 된다.

304) 예수의 현명한 판결 : 정상인이라면 먼저 돌을 들 수는 없을 것이다.

땅 위에 쓰기 시작했다.

At this, those who heard began to go away one at a time, the older ones first, until only Jesus was left, with the woman still standing there.

나이 든 자들이 먼저 가기 시작했다. 단지 예수만 남았다.

Jesus straightened up and asked her, "Woman, where are they? Has no one condemned you?"

예수 : 그들이 어디 갔느냐? 어느 누구도 너를 심판하지 않았는가?

"No one, sir," she said. "Then neither do I condemn you," Jesus declared. "Go now and leave your life of sin."

예수 : 나도 너를 심판하지 않는다. 가서 죄를 씻어라.

Leaving that place, Jesus withdrew to the region of Tyre and Sidon. A Canaanite woman from that vicinity came to him, crying out, "Lord, Son of David, have mercy on me! My daughter is suffering terribly from demon-possession."

[305]가나안 이방인 여인 : 주님, 저의 딸이 귀신 들려 고통에 신음하고 있습니다.

Jesus did not answer a word. So his disciples came to him and urged him, "Send her away, for she keeps crying out after us." He answered, "I was sent only to the lost sheep of Israel."

예수 : 나는 단지 이스라엘의 길 잃은 양에게 보냄 받았을 뿐이다.

The woman came and knelt before him. "Lord, help me!" she said.

그 여인이 예수 앞에 나아와 무릎을 꿇고 말했다.
여인 : "주여, 저를 도와주십시오!"

He replied, "It is not right to take the children's bread and toss it to their dogs."

예수 : "자녀들의 빵을 가져다 개들에게 던져 주는 것은 옳지 않다."

"Yes, Lord," she said, "but even the dogs eat the crumbs that fall from their masters' table."

305) 마 15:21-28, 예수께서 칭찬한 인물, 가나안 이방인 여인.

그 여인 : "그렇습니다, 주여. 하지만 개들도 주인의 상에서 떨어지는 부[306]스러기는 먹습니다."

▸▸ Crumbs are tiny pieces that fall from bread, or cake when you eat it.

Then Jesus answered, "Woman, you have great faith! Your request is granted." And her daughter was healed from that very hour.

예수 : "여인아, 네 믿음이 크구나! 네 소원대로 될 것이다." 그리고 바로 그때에 그 여인의 딸의 병이 나았다.

When Jesus had finished saying all this in the hearing of the people, he entered Capernaum.

[307]예수는 모든 말씀을 하고서는 가버나움에 들어가셨다.

There a centurion's servant, whom his master valued highly, was sick and about to die.

주인이 아주 아끼는 백부장의 종이 아파서 거의 죽게 되었다.

---

306) 예수께서 거절했음에도 불구하고 이방인 여인은 포기하지 않고 악착같이 요청했다. 예수의 복음이 이방인에게까지 확대된 사건이다.

307) 눅 7:1-10, 백부장.

The centurion heard of Jesus and sent some elders of the Jews to him, asking him to come and heal his servant.

백부장이 예수에 관해 들었고 유대 장로 몇 명을 예수께 보냈다, 와서 그의 종을 고쳐달라고 요청하는.

When they came to Jesus, they pleaded earnestly with him, "This man deserves to have you do this, because he loves our nation and has built our synagogue."

그들은 예수에게로 와서 진지하게 요청했다.
그들 : 이 남자는 우리가 이와 같은 일을 행할 충분한 자격이 있습니다. 그는 우리 민족을 사랑하고 회당을 지었기 때문입니다.

▸▸ This man deserves to 자격이 있다.

have you do this, 당신이 이런 일을 하도록 시키다, 사역동사 have, 5형식

So Jesus went with them. He was not far from the house when the centurion sent friends to say to him:

그리하여 예수는 그들과 갔다. 그 집에서 멀지 않아서, 백부장이 친구를 보냈을 때.

"Lord, don't trouble yourself, for I do not deserve to have you come under my roof. That is why I did not even consider myself

worthy to come to you.

백부장 : 주님 수고하지 마소서. 왜냐하면 저는 당신이 저의 지붕 아래 오게 할 자격이 없습니다. 그것은 제가 스스로를 당신에게 갈 자격이 있다고 생각할 수조차도 없는 것과 같은 이유입니다.

But [308]say the word, and my servant will be healed.

백부장 : 말씀을 하십시오. 그러면 저의 종이 나을 것입니다.

▸▸ say the word, 말씀을 하십시오, 명령문

and my servant will be healed. 그러면, 수동태

When Jesus heard this, he was amazed at him, and turning to the crowd following him, he said, "I tell you, I have not found such great faith even in Israel."

예수 : 나는 이스라엘에서조차도 그런 위대한 믿음을 보지 못했다.

Now one of the Pharisees invited Jesus to have dinner with him, so he went to the Pharisee's house and reclined at the table.

308) 예수께서는 믿음이 강한 자를 칭찬하셨다.

[309]바리새인 한 명이 저녁을 함께하기 위해 예수를 초대했다. 그래서 예수는 바리새인의 집으로 가서 테이블에 기대어 앉았다.

When a woman who had lived a sinful life in that town learned that Jesus was eating at the Pharisee's house,

그 마을에서 죄의 삶을 사는 여인이 예수가 바리새인의 집에서 식사를 한다는 것을 알았다.

she brought an alabaster jar of perfume, and as she stood behind him at his feet weeping, she began to wet his feet with her tears.

그녀는 석고 단지 향유를 가지고 와서 예수의 뒤에 울면서 서서 눈물로 예수의 발을 적시기 시작했다.

Then she wiped them with her hair, kissed them and poured perfume on them.

그녀는 그녀의 머리카락으로 닦고, 키스하고, 향료를 뿌렸다.

When the Pharisee who had invited him saw this, he said to himself, "If this man were a prophet, he would know who is

309) 눅 7:36-50, 죄 많은 여인.

touching him and what kind of woman she is, that she is a sinner."

바리새인 : 이 남자가 선지자이면 누가 그를 만지는지 알 수 있을 텐데, 어떤 종류의 여인인지, 그녀는 죄인이다.

Jesus answered him, "Simon, I have something to tell you." "Tell me, teacher," he said. "Two men owed money to a certain moneylender. One owed him five hundred denarii, and the other fifty.

[310]예수 : 두 남자가 돈을 빌렸다. 500데나리온, 50.

Neither of them had the money to pay him back, so he canceled the debts of both. Now which of them will love him more?"

갚지 않았다. 탕감해 주었다. 그들 중 어느 누가 그를 더 사랑하느냐?

Simon replied, "I suppose the one who had the bigger debt canceled." "You have judged correctly," Jesus said.

바리새인 시몬 : 더 많은 빚을 탕감 받은 자입니다.
예수 : 정확하게 판단했다.

---

310) 예수께서 '500, 50데나리온' 비유를 들은 이유는 무엇인가요?

Then he turned toward the woman and said to Simon, "Do you see this woman? I came into your house. You did not give me any water for my feet, but she wet my feet with her tears and wiped them with her hair. "

예수 : 너는 발 씻을 물을 주지 않았지만, 그녀는 눈물로 나의 발을 씻었다.

You did not give me a kiss, but this woman, from the time I entered, has not stopped kissing my feet. You did not put oil on my head, but she has poured perfume on my feet.

예수 : 나의 발에 키스하는 것을 멈추지 않았다. 나의 발에 향유를 부었다.

Therefore, I tell you, her many sins have been forgiven, for she loved much.

그녀의 많은 죄들이 용서되었다, 그녀는 많이 사랑했기 때문에.

But he who has been forgiven little loves little.

적게 용서받은 그는 적게 사랑한다.

Then Jesus said to her, "Your sins are forgiven." The other

guests began to say among themselves, "Who is this who even forgives sins?"
Jesus said to the woman, "Your faith has saved you; go in peace."

예수 : 너의 죄가 용서되었다.
손님들 : 죄를 용서하는 이분은 누구인가?
예수 : 너의 믿음이 너를 구원했다. 평안하게 가라.

Jesus sat down opposite the place where the offerings were put and watched the crowd putting their money into the temple treasury.

[311]예수께서 헌금함 맞은편에 앉으셔서, 사람들이 어떻게 헌금하는가를 보셨다.

Many rich people threw in large amounts.

여러 명의 부자들이 많은 돈을 헌금했다.

But <u>a poor widow</u> came and put in two very small copper coins, worth only a fraction of a penny.

---

311) 눅 21:1-9, 헌금하는 가난한 과부.

가난한 과부가 와서 렙돈 동전 두 개, 즉 한 고드란트를 넣었다.

Calling his disciples to him, Jesus said, "I tell you the truth, this poor widow has put more into the treasury than all the others."

예수 : "내가 너희에게 진정으로 말한다. 이 가난한 과부가 헌금함에 돈을 넣은 다른 모든 사람들보다 더 많이 헌금을 했다.

They all gave out of their wealth; but she, out of her poverty, put in everything, all she had to live on.

다른 모든 사람들은 넉넉한 중에서 헌금을 했지만, 과부는 가지고 있던 모든 것, 즉 생활에 필요한 돈 전부를 바쳤다.

Jesus entered Jericho and was passing through. A man was there by <u>the name of Zacchaeus</u>; he was a chief tax collector and was wealthy.

[312]예수께서 여리고를 지나가셨다. 삭개오가 거기에 있었다. 그는 세리장이었고, 부자였다.

He wanted to see who Jesus was, but being a short man he could not, because of the crowd.

312) 눅 19:1-48, 세리장 삭개오.

그는 예수를 보기를 원했다. 그러나 군중 때문에 키가 작아서 볼 수가 없었다.

▸▸ being a short man 분사 구문=As he was a short man

he could not

So he ran ahead and climbed a sycamore-fig tree to see him, since Jesus was coming that way.

예수가 그 길로 오기 때문에 먼저 달려가서 예수를 보기 위해 나무에 올랐다.

When Jesus reached the spot, he looked up and said to him, "Zacchaeus, come down immediately. I must stay at your house today." So he came down at once and welcomed him gladly.

예수 : 삭개오야, 즉시 내려오거라. 내가 너의 집에 오늘 머물러야겠다.

All the people saw this and began to mutter, "He has gone to be the guest of a 'sinner.' "

사람들 : 그는 죄인의 손님으로 간다.

But Zacchaeus stood up and said to the Lord, "Look, Lord! Here and now I give half of my possessions to the poor, and if

I have cheated anybody out of anything, I will pay back four times the amount."

삭개오 : 주님, 가난한 자에게 나의 재산 중 반을 주겠습니다. 제가 속인 것이 있다면 4배를 갚겠습니다.

▸▸ if I have cheated anybody out of anything, 조건문에서 현재가 미래 대신

I will pay back four times the amount.

Jesus said to him, [313]"Today salvation has come to this house, because this man, too, is a son of Abraham. "

예수 : 오늘 구원이 이 집에 왔다, 이 남자도 또한 아브라함의 아들이기 때문에.

One of the criminals who hung there hurled insults at him: "Aren't you the Christ? Save yourself and us!"

[314]죄수 중 한 명 : 당신이 그리스도가 아니냐? 너 자신과 우리를 구원하라.

But the other criminal rebuked him. "Don't you fear God," he

---

313) 예수를 만난 후에는 생활 자세가 달라져야 예수의 칭찬을 듣게 된다.
314) 눅 23:39-43, 십자가의 한 강도.

said,

다른 죄인 : 너는 하나님이 두렵지 않느냐?

since you are under the same sentence? We are punished justly, for we are getting what our deeds deserve.

우리는 정당하게 죄를 받았다, 우리가 받을 우리의 행동으로 인해.

But this man has done nothing wrong.

그러나 이 남자는 아무런 잘못도 행하지 않았다.

▸▸ this man has done nothing wrong. 형용사가 뒤에서 수식

Then he said, "Jesus, remember me when you come into your kingdom."

예수여, 저를 기억하소서, 당신이 당신의 왕국으로 들어가실 때.

Jesus answered him, "I tell you the truth, [315]today you will be with me in paradise."

---

315) 회개는 아무리 늦게 해도 늦은 것이 아니다.

예수 : 오늘 너는 나와 함께 낙원에 있을 것이다.

As Jesus walked beside the Sea of Galilee, he saw Simon and his brother Andrew casting a net into the lake, for they were fishermen.

[316]예수께서 갈릴리 호숫가를 지나가시다가, 시몬과 그의 동생 안드레를 보셨다. 그들은 어부였는데, 호수에 그물을 던지고 있었다.

"Come, follow me," Jesus said, "and I will make you fishers of men." At once they left their nets and followed him.

예수 : "나를 따르라. 내가 너희를 사람을 낚는 어부로 삼겠다. 그러자 시몬과 안드레는 얼른 그물을 놔두고, 예수를 따랐다.

When he had gone a little farther, he saw James son of Zebedee and his brother John in a boat, preparing their nets.

예수께서 조금 더 가시다가 세베대의 아들 야고보와 그의 동생 요한을 보셨다. 그들은 배에서 그물을 깁고 있었다.

Without delay he called them, and they left their father Zebedee in the boat with the hired men and followed him.

316) 막 1:16-28, 사람 낚는 어부.

예수께서 그들을 부르시자, 그들은 아버지 세베대와 일꾼들을 배에 남겨 두고, 예수를 따라 나섰다.

As soon as they left the synagogue, they went with James and John to the home of Simon and Andrew.

예수와 제자들이 회당에서 나온 뒤에 곧바로 야고보, 요한과 함께 시몬과 안드레의 집으로 갔다.

<u>Simon's mother-in-law</u> was in bed with a fever, and they told Jesus about her. So he went to her, took her hand and helped her up. The fever left her and she began to wait on them.

[317]시몬의 장모가 열이 나서 누워 있었다. 사람들이 바로 이 사실을 예수께 말씀드렸다. 예수께서 시몬의 장모에게로 가서, 손을 잡고 일으켜 세우셨다.
그러자 바로 열이 내렸고 시몬의 장모는 그들을 섬겼다.

▸▸ wait on 돌보다, 섬기다

During the fourth watch of the night Jesus went out to them, <u>walking on the lake</u>. When the disciples saw him walking on the lake, they were terrified.

---

317) 막 1:29-39, 베드로의 장모.

[318]이른 새벽에 예수께서 물 위를 걸어 그들에게 다가가셨다. 제자들은 예수께서 물 위로 걸어오시는 것을 보고 깜짝 놀랐다.

"It's a ghost," they said, and cried out in fear. But Jesus immediately said to them: "Take courage! It is I. Don't be afraid."

제자들 : "유령이다!"
예수 : "안심해라. 나다. 두려워하지 말라."

"Lord, if it's you," Peter replied, "tell me to come to you on the water."
"Come," he said. Then Peter got down out of the boat, walked on the water and came toward Jesus.

베드로 : "주여, 정말로 주시면 제게 물 위로 걸어오라고 하십시오."
예수 : 오너라.
그러자 베드로는 배에서 내려 물 위로 걸어 예수께로 향했다.

But when he saw the wind, he was afraid and, beginning to sink, cried out, "Lord, save me!"

그러나 베드로는 바람을 보자 겁이 났다. 그리고는 바로 물속으로 가라

318) 마 14:22-33, 물 위를 걷는 예수와 의심하는 베드로.

앉기 시작하자 베드로가 소리쳤다.
베드로 : "주여, 살려 주십시오!"

Immediately Jesus reached out his hand and caught him.
[319)]"You of little faith," he said, "why did you doubt?"

예수께서 곧 손을 내밀어 그를 붙잡으며 말씀하셨다.
예수 : "믿음이 적은 사람아, 왜 의심했느냐?"

And when they climbed into the boat, the wind died down. Then those who were in the boat worshiped him, saying, "Truly you are the Son of God."

그리고 그들이 함께 배에 오르자 바람이 잠잠해졌다. 그때 배에 있던 사람들이 예수께 경배 드리며 말했다.
사람들 : "참으로 하나님의 아들이십니다!"

While Peter was below in the courtyard, one of the servant girls of the high priest came by. When she saw Peter warming himself, she looked closely at him. "You also were with that Nazarene, Jesus," she said.

319) 마 14:31

[320]베드로가 공관의 아래쪽에 있을 때, 어떤 대제사장의 여자 종이 왔다. 베드로가 불을 쬐고 있는 것을 보고, 노려보며 말했다.
여자 종 : "당신도 나사렛 예수와 함께 있었지요?"

But he denied it. "I don't know or understand what you're talking about,"

베드로는 부인하며 말했다.
베드로 : "네가 무엇을 두고 말하는지 모르겠다."

he said, and went out into the entryway. When the servant girl saw him there, she said again to those standing around, "This fellow is one of them." Again he denied it.

그리고 베드로는 입구 쪽으로 옮겨갔다. 또 여자 종이 베드로를 보고, 다시 한 번 거기 있던 사람들에게 말했다.
여자 종 : "이 사람도 예수와 한 패예요."
다시 베드로가 부인했다.

After a little while, those standing near said to Peter, "Surely you are one of them, for you are a Galilean."

잠시 후에, 거기 있던 사람들이 베드로에게 말했다.

---

320) 마 26:68-75, 막14:66-72, 베드로의 부인.

사람들 : "확실히 당신은 예수와 한 패요. 당신은 갈릴리 사람이니까."

He began to call down curses on himself, and he swore to them, "I don't know this man you're talking about." Immediately the rooster crowed the second time.

베드로는 저주하며, 맹세했다.
베드로 : "당신들이 말하는 사람이 누구인지 나는 모르오!"
그러자 닭이 두 번째 울었다.

Then Peter remembered the word Jesus had spoken to him: "Before the rooster crows twice you will disown me three times." And he broke down and wept.

베드로는 예수께서 자기에게 닭이 두 번 울기 전에 네가 나를 세 번이나 모른다고 할 것이라고 한 말씀이 기억났다. 그래서 엎드려서 울었다.

And I tell you that you are Peter, and <u>on this rock I will build my church, and the gates of Hades will not overcome it</u>.

[321]내가 네게 말한다. 너는 베드로다. 내가 이 돌 위에 내 교회를 지을 것이니, 지옥의 문이 이것을 이기지 못할 것이다.

---

321) 마 16:19, 하늘나라의 열쇠.

I will give you the keys of the kingdom of heaven; whatever you bind on earth will be bound in heaven, and whatever you loose on earth will be loosed in heaven.

내가 네게 하늘나라의 열쇠를 줄 것이다. 무엇이든지 네가 땅에서 잠그면 하늘에서도 잠겨 있을 것이요, 무엇이든지 네가 땅에서 열면 하늘에서도 열려 있을 것이다."

▸▸ Hades(헤이디스) the land of the dead hell

When Jesus came to the region of Caesarea Philippi, he asked his disciples, "Who do people say the Son of Man is?"

[322]예수께서 빌립보 지방에 있는 가이사랴에 가셨다.
예수 : "사람들이 인자를 누구라고 하느냐?"

They replied, "Some say John the Baptist; others say Elijah; and still others, Jeremiah or one of the prophets."

제자들 : "어떤 사람들은 세례자 요한이라고도 하고, 또 어떤 사람들은 엘리야라고도 합니다. 또 어떤 사람들은 예레미야나 예언자 가운데 한 사람이라고 합니다."

---

322) 막 8:27-38, 베드로의 신앙고백과 수난 예언.

“But what about you?” he asked. “Who do you say I am?” Simon Peter answered, “<u>You are the Christ, the Son of the living God.</u>”

예수 : “그러면 너희는 나를 누구라고 하느냐?”
시몬 베드로 : “주님은 그리스도시며, 살아 계신 하나님의 아들이십니다.”

Jesus replied, “Blessed are you, Simon son of Jonah, for this was not revealed to you by man, but by my Father in heaven.”

예수 : “요나의 아들 시몬아, 네가 복되다. 네 혈육이 이것을 네게 알려 준 것이 아니라, 하늘에 계신 내 아버지께서 알려주신 것이다.

From that time on Jesus began to explain to his disciples that he must go to Jerusalem and suffer many things at the hands of the elders, chief priests and teachers of the law, and that he must be killed and on the third day be raised to life.

그때부터, 예수께서는 자신이 예루살렘에 반드시 가야만 하며, 거기서 장로들과 대제사장 그리고 율법학자들에게 고난을 받아 결국엔 죽임을 당하지만, 삼 일째 되는 날에 다시 살아나실 것을 제자들에게 설명하기 시작하셨다.

Peter took him aside and began to rebuke him. “Never, Lord!” he said. “<u>This shall never happen to you</u>!”

베드로 : "절대로 그럴 수는 없습니다. 주님! 이런 일이 결코 일어나지 않을 것입니다!"

Jesus turned and said to Peter, "Get behind me, Satan! You are a stumbling block to me; <u>you do not have in mind the things of God, but the things of men</u>."

예수 : "사탄아, 내 뒤로 썩 물러가라! 네가 나를 넘어지게 한다. 너는 하나님의 일을 생각지 않고, 오직 사람의 일만 생각하는구나."

Then Jesus said to his disciples, "If anyone would come after me, he must deny himself and take up his cross and follow me.

예수 : "만일 누구든지 나를 따라오려면 자기를 부정하고, 자기 십자가를 지고, 나를 따르라.

▸▸ If anyone <u>would</u> come after me, =wants to

For whoever wants to save his life will lose it, but whoever loses his life for me will find it."

누구든지 자기 목숨을 건지려고 하는 사람은 잃을 것이다. 그러나 누구든지 나를 위해 자기 목숨을 잃는 사람은 얻을 것이다.

[323]**As the time approached for him to be taken up to heaven, Jesus resolutely set out for Jerusalem.**

하늘로 들려 올라가실 예수를 위한 시간이 다가옴에 따라 예수는 예루살렘을 향해 출발했다.

And he sent messengers on ahead, who went into a Samaritan village to get things ready for him; but the people there did not welcome him, because he was heading for Jerusalem.

미리 사자를 보냈다, 사마리아 마을로 들어가는 예수를 위해 일들이 준비되도록. 그러나 거기 있는 사람들은 예수를 환영하지 않았다. 예수가 예루살렘으로 향하기 때문이다.

When the disciples James and John saw this, they asked, "Lord, do you want us to call fire down from heaven to destroy them?" But Jesus turned and rebuked them, and they went to another village.

야고보와 요한 : 하늘로부터 불이 내려와 그들을 멸망하게 하소서.
예수는 이들을 꾸짖으며 다른 마을로 가셨다.

Once again Jesus went out beside the lake. A large crowd came

323) 눅 9:51-56, 야고보와 요한, 천둥의 아들.

to him, and he began to teach them. As he walked along, <u>he saw Levi son of Alphaeus sitting at the tax collector's booth</u>.

예수께서 다시 호수로 가셨다. 많은 사람들이 예수께 나아왔고, 예수께서는 그들을 가르치셨다. 예수께서 호숫가를 걸으시다가, [324]알패오의 아들 레위가 세관에 앉아 있는 것을 보셨다.

"Follow me," Jesus told him, and Levi got up and followed him.

예수 : "나를 따라오너라."
그러자 [325]레위는 일어나서 예수를 따랐다.

While Jesus was having dinner at Levi's house, many tax collectors and "sinners" were eating with him and his disciples, for there were many who followed him.

예수께서 레위의 집에서 식사를 하고 계실 때였다. 여러 세리들과 죄인들이 예수와 그 제자들과 함께 식사를 하고 있었다. 왜냐하면 이런 사람들이 예수를 많이 따랐기 때문이다.

When the teachers of the law who were Pharisees saw him eating with the "sinners" and tax collectors, they asked his

---

324) 막 2:13-17, 마태로 알려진 레위는 세금 징수원으로 갈릴리에 살면서, 백성의 증오 대상인 헤롯왕의 앞잡이였다. 이런 이유 때문에 정통 유대 사회로부터는 죄인 취급을 받았다.

325) 예수의 부름을 받은 제자들은 묻지 않고 무조건 예수를 따랐다.

disciples: "Why does he eat with tax collectors and 'sinners'?"

바리새파 율법학자들 : "어째서 너희 선생님은 세리와 죄인들과 먹고 마시느냐?"

On hearing this, Jesus said to them, "It is not the healthy who need a doctor, but the sick. I have not come to call the righteous, but sinners."

예수 : "건강한 사람에게는 의사가 필요 없고, 병든 사람에게 의사가 필요한 것이다. 나는 의로운 사람을 부르러 온 것이 아니고, 죄인들을 부르러 왔다."

Now Thomas (called Didymus), one of the Twelve, was not with the disciples when Jesus came.

[326]도마, 12제자 중 하나, 예수가 왔을 때 제자들과 같이 있지 않았다.

So the other disciples told him, "We have seen the Lord!" But he said to them, "Unless I see the nail marks in his hands and put my finger where the nails were, and put my hand into his side, I will not believe it."

326) 요 20:24-29, 의심 많은 도마.

도마 : 내가 그의 손의 못 자국을 보고, 나의 손을 못이 있는 곳에 넣어 보고, 나의 손을 그의 옆구리에 넣어 보지 않는다면, 나는 믿을 수가 없다.

A week later his disciples were in the house again, and Thomas was with them. Though the doors were locked, Jesus came and stood among them and said, "Peace be with you!"

문이 잠겼지만 예수는 와서 그들 사이에 서서 말했다.
예수 : "너희에게 평안을!"

Then he said to Thomas, "Put your finger here; see my hands. Reach out your hand and put it into my side. <u>Stop doubting and believe</u>."

예수 : "너의 손을 여기에 넣고 나의 손을 보아라, 나의 옆구리에 넣어라, 의심을 멈추고 믿어라.

Thomas said to him, "My Lord and my God!"

도마 : "나의 주님, 나의 하나님!"

Then Jesus told him, "Because you have seen me, you have believed; [327]<u>blessed are those who have not seen and yet have</u>

327) 요한복음 전체의 주제!

believed."

예수 : 보지 않고도 믿는 자는 복을 받으리라.

Jesus went up on a mountainside and called to him those he wanted, and they came to him.

[328]예수께서 산 위에 올라가셔서, 원하는 몇몇 사람들을 부르셨다. 그러자 그들이 예수께 올라왔다.

He appointed twelve-designating them apostles, that they might be with him and that he might send them out to preach and to have authority to drive out demons.

예수께서 열두 사람을 세우시고, 이들을 사도라고 부르셨다. 예수께서는 그들과 함께하시면서, 그들로 하여금 나가서 말씀을 전하게 하셨다. 또한 귀신을 내쫓는 권세도 주셨다.

These are the twelve he appointed: Simon to whom he gave the name Peter

예수께서 열두 사람을 세우셨는데, 그들은 예수께서 베드로라는 이름을 지어 주신 시몬과

328) 막 3:13-19, 예수께서 세우신 열두 제자.

James son of Zebedee and his brother John to them he gave the name Boanerges, which means Sons of Thunder

'천둥의 아들들'이란 뜻으로 예수께서 보아너게라는 이름을 지어 주신 세베대의 아들 야고보와 그의 동생 요한,

Andrew, Philip, Bartholomew, Matthew, Thomas, James son of Alphaeus, Thaddaeus, Simon the Zealot and Judas Iscariot, who betrayed him.

안드레, 빌립, 바돌로매, 마태, 도마, 알패오의 아들 야고보, 다대오, 열심당 출신의 시몬, 그리고 예수를 배반한 가룟 출신의 유다이다.

When Judas, who had betrayed him, saw that Jesus was condemned, he was seized with remorse and returned the thirty silver coins to the chief priests and the elders.

[329]예수를 배반한 유다는 예수께서 유죄 판결을 받은 것을 보고, 양심에 가책을 느꼈다. 그래서 은 삼십 개를 대제사장과 장로들에게 돌려주었다.

"I have sinned," he said, "for I have betrayed innocent blood."

---

329) 마 27:3-10, 유다의 자살.

유다 : "내가 죄 없는 피를 팔아넘기는 죄를 지었습니다."

"What is that to us?" they replied. "That's your responsibility."

그들 : "그게 우리와 무슨 상관이냐? 그것은 너의 문제다."

So Judas threw the money into the temple and left. Then he went away and <u>hanged himself</u>.

유다는 은화를 성전 안에 내던지고 나가서 목매어 자살했다.

The chief priests picked up the coins and said, "It is against the law to put this into the treasury, since it is blood money."

대제사장들이 성전에서 그 돈을 거두고 말했다.
대제사장들 : "이 돈은 피 값이니, 성전에 두는 것은 안 될 일이다."

So they decided to use the money to buy the potter's field as a burial place for foreigners. That is why it has been called <u>the Field of Blood</u> to this day.

그들은 서로 의논해 그 돈으로 토기장이의 밭을 사, 나그네들의 묘지로 삼기로 결정했다. 그 밭은 지금까지 피밭이라고 불린다.

Jesus replied, "The one who has dipped his hand into the bowl

with me will betray me. The Son of Man will go just as it is written about him.

[330]예수 : "나와 함께 그릇에 손을 넣는 자가 나를 배반할 것이다. 성경에 쓰인 대로 인자는 떠나갈 것이다.

But woe to that man who betrays the Son of Man! It would be better for him if he had not been born."

그러나 인자를 넘겨주는 그 사람에게는 화가 있다. 차라리 태어나지 않았더라면, 자신에게 더 좋았을 것이다."

Then Judas, the one who would betray him, said, "Surely not I, Rabbi?" Jesus answered, "Yes, it is you."

유다 : "선생님이여, 설마 제가 그 사람입니까?"
예수 : "네가 말했다."

---

330) 막 14:10-11, 유다의 배반을 예언하는 예수.

Q6.

죽음과 부활

Q6.

죽음과 부활

Then Mary took about a pint of pure nard, an expensive perfume; she poured it on Jesus' feet and wiped his feet with her hair. And the house was filled with the fragrance of the perfume.

[331]마리아가 비싼 향수인 순 나드를 가져다 예수의 발에 붓고 그녀의 머리로 예수의 발을 닦았다. 집은 향수의 향으로 가득 찼다.

But one of his disciples, Judas Iscariot, who was later to betray him, objected,

예수의 제자들 중 하나인 이스카리옷 유다가, 후에 예수를 배반한, 반대했다.

"Why wasn't this perfume sold and the money given to the poor? It was worth [332]a year's wages."

---

331) 요 12:3, 마리아 향유 부음.
332) 300데나리온 가치, 200데나리온 가치의 다른 사건은? 오병이어 기적.

유다 : 이 향료를 팔아 가난한 자에게 주지 않느냐? 1년 봉급의 값어치가 있다.

He did not say this because he cared about the poor but because he was a thief; as keeper of the money bag, he used to help himself to what was put into it.

그는 가난한 자를 돌보기 위해 이런 말을 한 것이 아니다. 도둑이기 때문에. 돈 가방의 유지인으로서 그는 그 안에 넣어진 것을 그 자신을 돕는 데에 사용하곤 했다.

"Leave her alone," Jesus replied. "It was intended that she should save this perfume for the day of my burial.

예수 : 그녀를 내버려둬라. 그녀는 나의 매장의 날을 위해 이 향료를 비축했다.

[333]**You will always have the poor among you, but you will not always have me."**

예수 : 너희는 항상 가난한 자를 가질 것이나, 나를 항상 가지지는 못할 것이다.

333) 의미를 해석해 보자. 예수는 자신이 가진 모든 것을 희생했으니, 이제 이 지상에서 가장 가난한 자가 되었다.

Meanwhile a large crowd of Jews found out that Jesus was there and came, not only because of him but also to see Lazarus, whom he had raised from the dead.

예수뿐만 아니라 죽음으로부터 일어난 나사로를 보기 위해 많은 유대인들이 몰려들었다.

So the chief priests made plans to kill Lazarus as well,

그래서 대제사장은 나사로도 죽이기 위해 계획을 세웠다.

for on account of him many of the Jews were going over to Jesus and putting their faith in him.

나사로 때문에 많은 유대인들이 예수에게로 가고 예수를 믿게 되었기 때문에.

As they approached Jerusalem and came to Bethphage and Bethany at the Mount of Olives,

[334]예수와 제자들이 예루살렘 근처, 곧 올리브 산 가까이에 있는 벳바게와 베다니 마을에 이르렀다.

334) 막 11:1-10, 예루살렘 입성.

Jesus sent <u>two of his disciples</u>, saying to them, "Go to the village ahead of you, and just as you enter it, you will find <u>a colt tied there</u>, which no one has ever ridden. Untie it and bring it here.

그곳에서 예수께서는 두 제자들을 보내셨다.
예수 : "건너편 마을로 가거라. 거기에 가면, 지금까지 아무도 탄 적이 없는 나귀 새끼 한 마리가 매여 있는 것을 볼 것이다. 그것을 풀어서 이리로 가지고 오너라.

If anyone asks you, 'Why are you doing this?' tell him, 'The Lord needs it and will send it back here shortly.'

예수 : 누가 너희에게 '왜 이러십니까?'라고 물으면, 이렇게 말해라. '주님께서 필요하시답니다. 곧 이리로 돌려보내실 것입니다.'"

They went and found a colt outside in the street, tied at a doorway.

제자들이 마을로 들어가서 길 쪽으로 있는 문에 묶여 있는 나귀 새끼를 발견했다.

As they untied it, some people standing there asked, "What are you doing, untying that colt?" They answered as Jesus had told them to, and the people let them go.

제자들이 나귀를 풀었다.
서 있던 사람들 : "나귀를 풀다니, 무엇을 하려는 것이오?"
제자들이 예수께서 알려주신 대로 대답했다. 그러자 허락해 주었다.

When they brought the colt to Jesus and threw their cloaks over it, he sat on it. Many people spread their cloaks on the road, while others spread branches they had cut in the fields.

제자들이 예수께 나귀 새끼를 끌고 왔다. 그들이 겉옷을 나귀 위에 얹었고, 예수께서 거기에 앉으셨다. 많은 사람들이 자기들의 겉옷을 펴서 길 위에 펼쳤다. 어떤 사람들은 들에서 꺾은 나뭇가지를 펼쳤다.

Those who went ahead and those who followed shouted, "Hosanna!" "Blessed is he who comes in the name of the Lord!" "Blessed is the coming kingdom of our father David!" "Hosanna in the highest!"

사람들 : "호산나! 주님의 이름으로 오시는 이가 복이 있다!"
"다가오는 우리 조상 다윗의 나라가 복이 있다. 가장 높은 곳에서 호산나!"

On reaching Jerusalem, Jesus entered <u>the temple area</u> and began driving out those who were buying and selling there.

[335]예수와 제자들이 예루살렘에 왔다. 예수께서 성전에 들어가셔서, 성전에서 사고파는 사람들을 내쫓으셨다.

He overturned the tables of the money changers and the benches of those selling doves, and would not allow anyone to carry merchandise through the temple courts.

그리고 돈 바꾸어 주는 사람들의 책상과 비둘기 파는 사람들의 자리를 뒤엎으셨다. 예수께서 그 누구도 물건을 가지고 성전의 뜰을 가로질러 가지 못하게 하셨다.

▸▸ On reaching Jerusalem, - 하자마자
Jesus entered the temple area
and began driving out those
who were buying and selling there.

And as he taught them, he said, "Is it not written: 'My house will be called a house of prayer for all nations'? But you have made it' a den of robbers.' "

예수 : "성경에 이렇게 쓰여 있다. '나의 집은 모든 민족의 기도하는 집이라고 불릴 것이다.' 그런데 너희는 '강도의 소굴'로 바꾸었다."

335) 막 11:15-19, 성전을 청결케 하심.

The chief priests and the teachers of the law heard this and began looking for a way to kill him, for they feared him, because the whole crowd was amazed at his teaching.

대제사장들과 율법학자들이 이 소식을 들었다. 그들은 예수를 죽일 방법을 찾기 시작했다. 그것은 사람들이 예수의 가르침에 놀라워하므로, 그들이 예수를 두려워했기 때문이다.

They arrived again in Jerusalem, and while Jesus was walking in the temple courts, the chief priests, the teachers of the law and the elders came to him. "<u>By what authority are you doing these things?</u>" they asked. "<u>And who gave you authority to do this?</u>"

예수와 제자들이 다시 예루살렘으로 갔다. 예수께서 성전에서 거니실 때, 대제사장들과 율법학자들과 장로들이 예수께 왔다.
그들 : "당신이 무슨 권한으로 이런 일을 하는 것이오? 누가 당신에게 이런 권한을 주었소?"

Jesus replied, "I will ask you one question. Answer me, and I will tell you by what authority I am doing these things. <u>John's baptism, was it from heaven, or from men? Tell me!</u>"

예수 : "내가 한 가지를 너희들에게 묻겠다. 만일 나에게 대답하면, 내가 무슨 권한으로 이런 일을 하는지 말해 주겠다. 요한의 세례가 하늘

로부터 온 것이냐, 아니면 사람에게서 온 것이냐? 대답해 보아라!"

They discussed it among themselves and said, "If we say, 'From heaven,' he will ask, 'Then why didn't you believe him?' But if we say, 'From men'...."

[336]그들 : "만일 우리가 하늘로부터 왔다고 하면, 그가 '어째서 너희는 요한을 믿지 않았느냐?' 하고 말할 것이다. 그렇다고 사람에게서 왔다고 할 수도 없지 않은가?"

(They feared the people, for everyone held that John really was a prophet.)

이들은 백성들을 두려워했다. 그것은 모든 사람들이 진정으로 요한을 예언자로 생각하고 있었기 때문이다.

So they answered Jesus, "We don't know." Jesus said, "Neither will I tell you by what authority I am doing these things."

그들 : "우리는 모르오."
예수 : "그러면 나도 너희에게, 내가 무슨 권한으로 이런 일을 하는지 말하지 않겠다."

---

336) 막 11:27-33, 예수의 권세에 대한 질문.

Later they sent some of the Pharisees and Herodians to Jesus to catch him in his words.

그들은 예수의 말씀에서 트집을 잡으려고, 바리새파 사람과 헤롯 당원 몇 명을 예수께 보냈다.

They came to him and said, "Teacher, we know you are a man of integrity. You aren't swayed by men, because you pay no attention to who they are; but you teach the way of God in accordance with the truth.

그들 : "선생님, 우리는 선생님께서 진실한 분이시며, 아무에게도 얽매이지 않으신다고 알고 있습니다. 선생님께서는 아무도 부당하게 대하지 않으시고, 하나님의 길을 진리로 가르치십니다.

<u>Is it right to pay taxes to Caesar or not</u>? Should we pay or shouldn't we?"

[337]가이사에게 세금을 내는 것이 옳습니까? 내지 않는 것이 옳습니까? 세금을 내야 합니까? 내지 말아야 합니까?"

But Jesus knew their hypocrisy. "Why are you trying to trap me?" he asked. "Bring me a denarius and let me look at it."

---

337) 막 12:13-17, 세금 논쟁.

예수 : "어째서 나를 시험하느냐? 데나리온 한 개를 가져와서 나에게 보여라."

They brought the coin, and he asked them, "Whose portrait is this? And whose inscription?"

그들이 은전 한 개를 가져왔다.
예수 : "이것은 누구의 얼굴이며, 누구라고 쓰여 있느냐?"

"Caesar's," they replied. Then Jesus said to them, "Give to Caesar what is Caesar's and to God what is God's." And they were amazed at him.

그들 : "가이사입니다."
예수 : "가이사의 것은 가이사에게 주어라. 그리고 하나님의 것은 하나님께 바쳐라."
그들은 예수의 말씀에 놀랐다.

Then <u>the Sadducees, who say there is no resurrection</u>, came to him with a question.

[338]부활이 없다고 주장하는 사두개파 사람 몇 명이 예수께 왔다.

---

338) 막 12:18-27, 부활 논쟁.

"Teacher," they said, "Moses wrote for us that if a man's brother dies and leaves a wife but no children, the man must marry the widow and have children for his brother.

그들 : "선생님, 모세는 '형이 자식이 없이 아내만 남겨 두고 죽으면, 동생이 그 형수와 결혼하고 형을 위해 자식을 낳아 주어라.'라고 기록했습니다.

Now there were seven brothers. The first one married and died without leaving any children. The second one married the widow, but he also died, leaving no child. It was the same with the third. In fact, none of the seven left any children. Last of all, the woman died too.

일곱 형제가 있었는데, 맏형이 결혼하고 자식이 없이 죽었습니다. 그래서 둘째가 형수와 결혼을 했는데, 역시 자식이 없이 죽었습니다. 셋째도 마찬가지였습니다. 일곱 형제 모두가 자식을 남기지 못했습니다. 나중에 여자도 죽었습니다.

At the resurrection whose wife will she be, since the seven were married to her?"

그러면 다시 살아날 때, 그 여자는 그들 중에 누구의 아내가 되겠습니까? 일곱 형제가 모두 그를 아내로 맞이했으니 말입니다."

Jesus replied, "Are you not in error because you do not know the Scriptures or the power of God?

예수 : "너희가 성경도 모르고 하나님의 능력도 몰라서 잘못 생각하는 것이 아니냐?

When the dead rise, they will neither marry nor be given in marriage; they will be like the angels in heaven.

사람들이 죽은 사람들 중에서 다시 살아날 때에는, 장가도 가지 않고, 시집도 가지 않는다. 그들은 마치 하늘에 있는 천사처럼 될 것이다.

One of the teachers of the law came and heard them debating. Noticing that Jesus had given them a good answer, he asked him, [339]"Of all the commandments, which is the most important?"

율법학자 가운데 한 사람이 다가와서 논쟁하는 것을 들었다. 예수께서 사두개파 사람들에게 잘 대답하시는 것을 보고, 그가 물었다.
[340]"모든 계명 중에 어떤 것이 가장 중요합니까?"

"The most important one," answered Jesus, "is this: 'Hear, O

339) 예수가 보는 가장 큰 계명은 무엇인가요?
340) 막 12:28-34, 가장 큰 계명.

Israel, the Lord our God, the Lord is one. Love the Lord your God with all your heart and with all your soul and with all your mind and with all your strength.' The second is this: 'Love your neighbor as yourself.' There is no commandment greater than these."

예수 : "가장 중요한 계명은 이것이다. '이스라엘아, 들어라! 주 우리 하나님은 한 분이시다. 네 모든 마음과 모든 영혼과 모든 뜻과 모든 힘을 다해, 주 너희 하나님을 사랑해라.' 두 번째로 중요한 계명은 이것이다. '네 이웃을 네 몸같이 사랑해라.' 이 계명들보다 더 중요한 계명은 없다."

▸▸ 'There is no commandment 비교급을 이용한 최상급
greater than these."

"Well said, teacher," the man replied. "You are right in saying that God is one and there is no other but him. To love him with all your heart, with all your understanding and with all your strength, and to love your neighbor as yourself is more important than all burnt offerings and sacrifices."

율법학자 : "옳습니다, 선생님. 하나님께서는 한 분이시고, 그 외에는 다른 신이 없습니다. 모든 마음과 모든 지식과 모든 힘을 다해 하나님을 사랑하고, 이웃을 자기 자신처럼 사랑하는 것이, 다른 모든 번제물이나 희생 제물보다 더 중요합니다."

When Jesus saw that he had answered wisely, he said to him, "You are not far from the kingdom of God." And from then on no one dared ask him any more questions.

예수 : "너는 하나님 나라에 가깝구나."
그 뒤로는 아무도 감히 예수께 더 묻지 않았다.

Jesus left the temple and was walking away when his disciples came up to him to call his attention to its buildings.

[341]예수께서 성전을 떠나 걸어가실 때, 제자들이 와서 성전 건물을 가리켜 보였다.

"Do you see all these things?" he asked. "I tell you the truth, not one stone here will be left on another; every one will be thrown down."

예수 : "너희가 이 모든 것을 보고 있지 않느냐? 내가 너희에게 진정으로 말한다. 여기에 있는 돌 하나도 돌 위에 남지 않고 다 무너질 것이다."

[342]**As Jesus was sitting on the Mount of Olives opposite the**

341) 막 13:1-2, 예루살렘 성전의 멸망 예언.
342) 막 13:3-37, 마지막 징조.

temple, Peter, James, John and Andrew asked him privately, "Tell us, when will these things happen? And what will be the sign that they are all about to be fulfilled?"

예수께서 성전 맞은편 올리브 산에서 앉아 계실 때,
베드로, 야고보, 요한과 안드레 : "우리들에게 말씀해 주십시오. 언제 이런 일들이 일어나고, 이런 일들이 이루어질 때에 무슨 징조가 있겠습니까?"

Jesus said to them: "Watch out that no one deceives you. Many will come in my name, claiming, 'I am he,' and will deceive many.

예수 : "아무도 너희를 속이지 못하게 조심해라. 많은 사람들이 내 이름으로 와서 '내가 바로 그리스도다.'라고 말할 것이다. 그리고 많은 사람들을 속일 것이다.

When you hear of wars and rumors of wars, do not be alarmed. Such things must happen, but the end is still to come.

너희는 전쟁에 대한 소식과 소문을 들을 것이다. 그러나 두려워하지 마라. 이런 일들은 반드시 일어나야 한다. 그러나 끝은 아직 아니다.

Nation will rise against nation, and kingdom against kingdom. There will be earthquakes in various places, and famines.

These are the beginning of birth pains.

민족이 다른 민족과 싸우려고 일어나고, 나라가 나라와 싸우려고 일어날 것이다. 여러 곳에서 지진이 일어나고, 기근도 있을 것이다. 이런 것들은 출산하는 진통의 시작에 불과하다.

You must be on your guard. You will be handed over to the local councils and flogged in the synagogues.

너희는 주의해라. 사람들이 너희를 법정에 넘길 것이고, 너희는 회당에서 매를 맞을 것이다.

Whenever you are arrested and brought to trial, do not worry beforehand about what to say. Just say whatever is given you at the time, for it is not you speaking, but <u>the Holy Spirit.</u>

사람들이 너희를 체포해 재판에 넘길 때, '무엇을 말할까.' 하고 걱정하지 마라. 그때에 하나님께서 너희에게 주시는 것들을 말해라. 말하는 것은 너희가 아니고, 성령이시다.

Brother will betray brother to death, and a father his child. Children will rebel against their parents and have them put to death. All men will hate you because of me, but <u>he who stands firm to the end</u> will be saved.

형이 동생을 죽게 내주고, 아버지가 자식들을 내주고, 자식들이 부모를 거역해 일어나며, 죽게 할 것이다. 내 이름 때문에, 너희가 미움을 받을 것이다. 그러나 끝까지 견디는 사람은 구원받을 것이다.

Pray that this will not take place in winter, because those will be days of distress unequaled from the beginning, when God created the world, until nowand never to be equaled again.

이런 일이 겨울에 일어나지 않도록 기도해라. 그때에는 환란이 있을 것인데, 이런 환란은 하나님께서 세상을 만드신 때부터 지금까지 없었던 것이며, 앞으로도 이런 환란은 없을 것이다.

If the Lord had not cut short those days, no one would survive. But for the sake of the elect, whom he has chosen, he has shortened them.

주님께서 이 날들을 줄여 주시지 않는다면, 어느 생명도 구원받지 못할 것이다. 그러나 하나님께서 선택한 사람들을 위해, 이 날들을 줄이셨다.

At that time if anyone says to you, 'Look, here is the Christ!' or, 'Look, there he is!' do not believe it.

그때에 어떤 사람이 '여보시오, 그리스도가 여기 계십니다!' 또는 '저기 계십니다!' 하고 말해도 믿지 마라.

For <u>false Christs and false prophets</u> will appear and perform signs and miracles to deceive the elect, if that were possible. So be on your guard; I have told you everything ahead of time.

거짓 그리스도와 거짓 예언자들이 일어나서 증거와 기적을 보여줄 것이다. 그래서 가능하면 선택된 사람들을 잘못된 길로 인도하려고 할 것이다.
그러므로 조심해라. 내가 모든 것을 미리 일러 주었다."

But in those days, following that distress, '<u>the sun</u> will be darkened, and <u>the moon</u> will not give its light; <u>the stars</u> will fall from the sky, and <u>the heavenly bodies</u> will be shaken.'

그러나 그때에 환란이 지나가면, '해가 어두워지고, 달이 그 빛을 내지 않을 것이다. 별들이 하늘에서 떨어지고, 천체들이 흔들릴 것이다.'

At that time men will see <u>the Son of Man</u> coming in clouds with great power and glory. And he will send his angels and gather his elect from the four winds, from the ends of the earth to the ends of the heavens.

사람들은 인자가 큰 능력과 영광으로 구름 가운데 오는 것을 볼 것이다. 그리고 인자가 천사들을 보내어, 땅 끝에서 하늘 끝까지, 사방에서 선택된 사람들을 모을 것이다.

Now learn this lesson from the fig tree: As soon as its twigs get tender and its leaves come out, you know that summer is near. Even so, when you see these things happening, you know that it is near, right at the door.

343)"무화과나무로부터 교훈을 배워라. 가지가 부드러워지고 새 잎을 내면 여름이 가까운 줄 안다. 이처럼 이런 일들이 일어나는 것을 보면, 인자가 바로 문 앞에 가까이 온 줄 알아라.

I tell you the truth, this generation will certainly not pass away until all these things have happened. Heaven and earth will pass away, but my words will never pass away.

내가 너희에게 진정으로 말한다. 이 세대가 지나가기 전에 이 모든 일들이 일어날 것이다. 하늘과 땅은 없어질 것이나, 내 말은 없어지지 않을 것이다.

No one knows about that day or hour, not even the angels in heaven, nor the Son, but only the Father. Be on guard! Be alert! You do not know when that time will come.

그날과 그때는 아무도 모른다. 하늘에 있는 천사도 모르고, 아들도 모르고, 오직 아버지만이 아신다. 주의하라! 항상 경계하라! 그것은 그때

343) 막 13:28-37, 무화과나무의 교훈.

가 언제인지 알지 못하기 때문이다.

It's like a man going away: He leaves his house and puts his servants in charge, each with his assigned task, and tells the one at the door to keep watch.

마치 여행을 떠나는 어떤 사람과 같다. 그는 집을 떠나면서, 자기 종들에게 집을 돌보라고 맡겼다. 각각 임무를 주었는데, 문지기에게는 집을 잘 지키라고 명령했다.

Therefore keep watch because you do not know when the owner of the house will come back, whether in the evening, or at midnight, or when the rooster crows, or at dawn.

그러므로 깨어 있어라. 집주인이 언제 돌아올지, 저녁에 혹은 밤중에 혹은 새벽닭이 울 때 혹은 아침 무렵에 올지 모르기 때문이다.

If he comes suddenly, do not let him find you sleeping. What I say to you, I say to everyone: 'Watch!' "

그가 갑자기 돌아와서 너희가 자고 있는 것을 보지 않게 하라. 내가 너희에게 말하는 것은 모두에게 하는 말이다. '항상 깨어 있어라!'

[344]It was just before the Passover Feast. Jesus knew that the time had come for him to leave this world and go to the Father. Having loved his own who were in the world, he now showed them the full extent of his love.

유월절 축제 바로 전이다. 예수는 그가 이 세상을 떠나 아버지에게 갈 때가 온 것을 알았다. 이 세상 속에 있는 그 자신의 사람들을 사랑하여, 예수는 그들에게 그의 사랑을 가득 보여주었다.

▸▸ Having loved(As he had loved) his own 그의 자신의 것을 너무나 사랑하여

who were in the world, 이 세상 속에 있는

he now showed them 그는 지금 그들에게 보여주었다

the full extent of his love. 그의 가득한 사랑을(4형식)

The evening meal was being served, and the devil had already prompted Judas Iscariot, son of Simon, to betray Jesus.

저녁 식사가 제공되고 있었다. 악마가 이미 유다에게 예수를 배반하라고 재촉하고 있었다.

Jesus knew that the Father had put all things under his power, and that he had come from God and was returning to God;

344) 요 13:1-21, 세족식. 공관복음에는 나오지 않는다.

아버지가 그의 권세 아래 모든 일들을 놓았고, 그는 하나님으로부터 왔고 하나님에게로 돌아간다는 것을 예수는 알았다.

so <u>he got up from the meal, took off his outer clothing, and wrapped a towel around his waist</u>.

그래서 그는 식사 중 일어나 그의 외투를 벗고 허리둘레에 수건을 감쌌다.

After that, he poured water into a basin and began to wash his disciples' feet, drying them with the towel that was wrapped around him.

대야에 물을 붓고 제자의 발을 씻기기 시작했다. 수건으로 물기를 닦았다.

He came to Simon Peter, who said to him, "Lord, are you going to wash my feet?"

베드로 : 주님! 저의 발을 씻기려고 합니까?

Jesus replied, "You do not realize now what I am doing, but later you will understand."

예수 : 너는 내가 지금 하고 있는 일을 깨닫지 못한다. 후에 이해할 것이다.

“No,” said Peter, “you shall never wash my feet.” Jesus answered, “Unless I wash you, [345]you have no part with me.”

베드로 : 당신은 저의 발을 결코 씻길 수 없습니다.
예수 : 내가 너를 씻기지 않으면, 너는 나와 상관이 없다.

“Then, Lord,” Simon Peter replied, “not just my feet but my hands and my head as well!”

베드로 : 그럼 주님, 단지 저의 발뿐이 아니라 저의 손과 머리도 또한 씻겨 주소서.

[346]Jesus answered, [347]“A person who has had a bath needs only to wash his feet; his whole body is clean. And you are clean, [348]though not every one of you.”

예수 : 목욕을 한 사람은 단지 그의 발만 씻는 것이 필요하다. 그의 전 몸은 깨끗하다. 너희들은 깨끗하다, 비록 너희들 중 하나는 아니지만.

For <u>he knew who was going to betray him</u>, and that was why he said not every one was clean.

---

345) 전리품을 나눈다는 의미. 영광을 함께 나눈다, 예수와 제자들 사이의 영적 연합 관계, 영광 공유
346) 보통 잔칫집이나 초대받아 남의 집에 갈 때 이스라엘 사람들은 목욕을 하고 가는 것이 예의이다. 그리고 가서는 가는 도중 더렵혀진 발만 닦으면 된다.
347) 목욕한 자는 헌신, 복종, 구원의 은혜 안에 들어온 자. 죄의 씻음을 항상 상기하도록.
348) 예수는 누가 배반자인가를 미리 알고 있었다는 것 암시.

그는 누가 그를 배반하는지 알았다.

When he had finished washing their feet, he put on his clothes and returned to his place. "Do you understand what I have done for you?" he asked them.

예수 : 너희들은 내가 너희들에게 행한 일을 이해하느냐?

You call me 'Teacher' and 'Lord,' and rightly so, for that is what I am.

예수 : 너희들은 나를 선생님과 주님으로 불렀는데 그것은 옳다.

Now that I, your Lord and Teacher, have washed your feet, [349]<u>you also should wash one another's feet</u>.

내가 너의 발을 씻겼으니 너희도 또한 다른 사람의 발을 씻겨야 한다.

▸▸ Now that 때문에

I have set you [350]<u>an example</u> that you should do as I have done for you.

---

349) 제자들도 실천하는 것을 원함.

350) 본을 보였노라. 종조차도 발을 씻는 것은 하지 않았다. 발을 씻기는 것은 외부에서 포로로 잡혀온 종이 하는 일이었다.

내가 너희들에게 행한 대로 너희들도 해야만 한다는 모범을 너희에게 보인 것이다.

I tell you the truth, no servant is greater than his master, nor is a messenger greater than the one who sent him.

어떤 하인도 그의 주인보다 위대하지 않다. 어떤 전언자도 그를 보낸 분보다 위대하지 않다.

Now that you know these things, you will be blessed if you do them.

너희들이 이런 일들을 알았으니, 너희들이 그것들을 행하면 복 받을 것이다.

"I am not referring to all of you; I know those I have chosen. But this is to fulfill the scripture: 'He who shares my bread has lifted up his heel against me.'

나는 너희 모두를 지칭하는 것은 아니다. 나는 내가 선택한 자들을 안다. 그러나 이것은 성경을 이루기 위함이다. 나의 빵을 나누는 그는 나에 대항하여 그의 발꿈치를 들었다.

I am telling you now before it happens, so that when it does happen you will believe that I am He.

이 일이 일어나기 전에 너희들에게 말하고 있는 것이다, 이 일이 일어났을 때 너희들이 내가 그라고 믿을 수 있게.

I tell you the truth, whoever accepts anyone I send accepts me; and whoever accepts me accepts the one who sent me.

누구나 나를 인정하는 자는 나를 보내신 그분을 인정하는 것이다.

After he had said this, [351]Jesus was troubled in spirit and testified, "I tell you the truth, one of you is going to betray me."

예수는 심령이 민망하여,
예수 : 너희들 중 하나가 나를 배반할 것이다.

His disciples stared at one another, at a loss to know which of them he meant.

제자들은 서로 응시했다, 예수가 누구를 의미하는가를 알려고.

One of them, [352]the disciple whom Jesus loved, was reclining next to him.

---

351) '심령이 민망하여', 이는 예수의 신성에 대비되는 인성을 나타내고 있는 것이다. 예수는 하나님의 아들이면서도 우리와 같이 심령이 민망할 수도 있는 것이다.

352) 사도 요한을 가리킴.

예수가 사랑하는 제자 한 명이 예수 다음에 기대었다.

Simon Peter motioned to this disciple and said, "Ask him which one he means."

베드로 : " 누구를 의미하는지 물어라."

Leaning back against Jesus, he asked him, "Lord, who is it?"

예수가 사랑하는 제자 : 주님, 누구입니까?

Jesus answered, "It is the one to whom I will give this piece of bread when I have dipped it in the dish."

예수 : 이 빵조각을 주는 그이다.

Then, dipping the piece of bread, he gave it to Judas Iscariot, son of Simon.

예수는 접시에 빵조각을 담근 후 유다에게 주었다.

[353]**As soon as Judas took the bread, Satan entered into him. "<u>What you are about to do, do quickly</u>," Jesus told him,**

---

353) 요한복음에서는 이 시점에서 사탄이 가룟 유다에게 들어간 것으로 묘사한 것이다.

예수 : 하려거든 빨리 하라.

▸▸ What you are about to do, -하려고 하다

but [354]no one at the meal understood why Jesus said this to him.

왜 예수가 유다에게 이 말을 했는지 이해 못 했다.

Since Judas had charge of the money, some thought Jesus was telling him to buy what was needed for the Feast, or to give something to the poor.

유다가 돈의 책임을 맡고 있었기 때문에, 축제에 필요한 것을 사라고 말했다고 생각했거나 가난한 자에게 어떤 것을 주라고 이야기했다고 생각했다.

As soon as Judas had taken the bread, he went out. [355]And it was night.

유다가 빵을 가지고 가자마자 그는 나갔다. 밤이었다.

---

354) 제자들이 전혀 눈치 채지 못했다.

355) 사실 만찬 중이므로 당연히 밤. 밤이라는 말을 강조. 빛과의 대조. 이원론적인 체계를 잘 알아야 한다.

When he was gone, Jesus said, "Now is the Son of Man [356]glorified and God is glorified in him."

예수 : 인자가 영광스럽게 되고 하나님이 인자 안에서 영광스럽게 된다.

If God is glorified in him, God will glorify the Son in himself, and will glorify him at once.

하나님이 그 안에서 영광스럽게 된다면, 하나님은 그 스스로 아들을 영광스럽게 할 것이고, 동시에 그를 영광스럽게 할 것이다.

"My children, I will be with you only a little longer. You will look for me, and just as I told the Jews, so I tell you now: Where I am going, you cannot come."

예수 : 내가 가는 곳에 너희들은 올 수 없다.

[357]"A new command I give you: Love one another. As I have loved you, so you must love one another.

내가 너희들을 사랑하듯이 그렇게 너희도 서로 사랑해야 한다.

356) 요한복음에서의 '영광'은 '들림 받는다', 십자가의 죽음을 의미.
357) 예수 전 생애 사상의 핵심은 형식적 율법의 부정, 즉 사랑.

By this all men will know that you are my disciples, [358)]if you love one another.

사랑에 의해 모든 사람들은 너희가 나의 제자들이라고 알 것이다, 너희가 서로 사랑한다면.

Simon Peter asked him, "Lord, where are you going?" Jesus replied, "Where I am going, you cannot follow now, but you will follow later."

예수 : 내가 가는 곳에 너는 지금 따라올 수 없고 나중에 따라올 것이다.

Peter asked, "Lord, why can't I follow you now? I will lay down my life for you."

베드로 : 내가 당신을 위해 나의 목숨을 놓을 것입니다.

Then Jesus answered, "Will you really lay down your life for me? I tell you the truth, before the rooster crows, <u>you will disown me three times</u>!

예수 : 네가 나를 위하여 네 목숨을 버리겠느냐? 닭이 울기 전에 너는

358) 서로 사랑하는 것이 예수 제자 됨의 표준. 원수까지도 사랑하라.

나를 3번 부인할 것이다.

While they were eating, Jesus took bread, gave thanks and broke it, and gave it to his disciples, saying, "<u>Take it; this is my body.</u>"

[359]식사를 하는 동안, 예수께서는 빵을 들고 감사 기도를 드리셨다. 그리고 떼어서 제자들에게 주며 말씀하셨다.
예수 : "받아라. 이것은 나의 몸이다."

Then he took the cup, gave thanks and offered it to them, and they all drank from it. "<u>This is my blood of the covenant, which is poured out for many,</u>"

또 잔을 들고 감사 기도를 드리셨다. 그리고 제자들에게 잔을 주어, 제자들이 마셨다.
예수 : "이것은 많은 사람들을 위해 쏟는 나의 피, 곧 언약의 피다."

he said to them. "I tell you the truth, <u>I will not drink again of the fruit of the vine</u> until that day when I drink it anew in the kingdom of God."

내가 진정으로 너희에게 말한다. 내가 하나님 나라에서 새것으로 마실

359) 막 14:22-26, 최후의 성만찬.

그날이 올 때까지는 결코 다시 포도나무에서 난 것을 마시지 않을 것이다."

They went to a place called <u>Gethsemane,</u>

[360]예수와 제자들이 겟세마네라고 하는 곳으로 갔다.

and Jesus said to his disciples, "<u>Sit here while I pray</u>." He took <u>Peter, James and John</u> along with him, and he began to be deeply distressed and troubled.

예수 : "내가 기도하는 동안에 여기 앉아 있어라."
예수께서는 베드로와 야고보 그리고 요한을 데리고 가셨다. [361]예수께서는 매우 근심하며 괴로워하셨다.

"My soul is overwhelmed with sorrow to the point of death," he said to them. "Stay here and keep watch."

예수 : "내 영혼이 심히 괴로워 죽을 지경이다. 여기서 머무르면서 깨어 있어라."

Going a little farther, he fell to the ground and prayed that if possible the hour might pass from him.

360) 막 14:32-42, 겟세마네 동산.
361) 예수의 신성에 대비되는 인성을 나타내는 구절이다.

예수께서 조금 더 가서 땅에 엎드리셨다. 그리고 할 수만 있다면, 그때가 지나가 버리기를 기도하셨다.

"Abba, Father," he said, "everything is possible for you. Take this cup from me. Yet not what I will, but what you will."

예수 : "아바, 아버지! 아버지께서는 모든 것을 하실 수 있으시니, 이 잔을 없애 주십시오. 그러나 제 뜻대로 하지 마시고 아버지의 뜻대로 하십시오."

Then he returned to his disciples and found them sleeping. "Simon,"
he said to Peter, "are you asleep? Could you not keep watch for one hour? Watch and pray so that you will not fall into temptation. The spirit is willing, but the body is weak."

예수께서 제자들에게 와서 자고 있는 것을 보시고, 베드로에게 말씀하셨다.
예수 : "시몬아, 자고 있느냐? 나와 함께 한 시간도 깨어 있을 수 없더냐? 시험에 들지 않도록 깨어서 기도해라. 영은 원하지만, 몸이 연약하구나."

Once more he went away and prayed the same thing. When he came back, he again found them sleeping, because their eyes were heavy. They did not know what to say to him.

다시 예수께서 제자들을 떠나서 같은 말씀으로 기도하셨다. 그리고 다시 제자들에게 오셔서 자고 있는 모습을 보셨다. 그것은 제자들이 너무 졸렸기 때문이다. 제자들은 예수께 무슨 말을 해야 할지 몰랐다.

Returning the third time, he said to them, "Are you still sleeping and resting? Enough! The hour has come. Look, the Son of Man is betrayed into the hands of sinners. Rise! Let us go! Here comes my betrayer!"

세 번째 예수께서 오셔서 말씀하셨다.
예수 : "아직도 자고 있느냐? 아직도 쉬고 있느냐? 그만하면 됐다! 이제 시간이 되었다. 보아라! 인자가 죄인들의 손에 넘겨진다. 일어나자! 가자! 보아라! 나를 넘겨줄 사람이 가까이에 와 있다."

Just as he was speaking, Judas, one of the Twelve, appeared. With him was a crowd armed with swords and clubs, sent from the chief priests, the teachers of the law, and the elders.

[362]예수께서 아직 말씀하고 계실 때, 열두 제자 가운데 한 사람인 유다가 다가왔다. 대제사장들과 율법학자들과 장로들이 보낸 많은 무리들이 칼과 몽둥이를 들고 유다와 함께 왔다.

Now the betrayer had arranged a signal with them: "The one I

---

362) 막 14:43-52, 체포. 예수의 처형 근거에 대해서는 『예수의 역사적 초상』 pp. 200-214 참조.

kiss is the man; arrest him and lead him away under guard.”

예수를 넘겨주는 자가 사람들과 신호를 정했다.
가룟 유다 : “내가 입 맞추는 사람이 바로 그 사람이니, 체포해 데리고 가시오.”

Going at once to Jesus, Judas said, “Rabbi!” and kissed him. The men seized Jesus and arrested him.

유다가 예수께 와서 “선생님!”이라고 말하면서 입을 맞추었다. 그러자 그들이 예수께 손을 대어 체포했다.

Then one of those standing near drew his sword and struck the servant of the high priest, cutting off his ear.

[363]그러나 곁에 있던 사람 가운데 한 명이 칼을 뽑아, 대제사장의 종을 내리쳐 귀를 잘랐다.

“Am I leading a rebellion,” said Jesus, “that you have come out with swords and clubs to capture me? Every day I was with you, teaching in the temple courts, and you did not arrest me. But the Scriptures must be fulfilled.”

---

363) 베드로가 말코의 오른쪽 귀를 잘랐다고 요한복음에서는 구체적으로 적시하고 있다.

예수 : "마치 강도를 잡는 것처럼, 나를 잡으려고 칼과 몽둥이를 가지고 왔느냐? 내가 매일 성전에서 너희들과 함께 있으면서 가르칠 때에는 너희가 나를 잡지 않았다. 그러나 일어난 이 모든 것은 성경을 이루려고 일어난 것이다."

Then everyone deserted him and fled.

[364]예수의 제자들이 모두 예수를 떠나 도망갔다.

<u>A young man,</u> wearing nothing but a linen garment, was following Jesus. When they seized him, he fled naked, leaving his garment behind.

[365]어떤 젊은 사람이 맨몸에 홑이불을 걸친 채 예수를 따라가고 있었다. 사람들이 그를 잡았다. 그러자 홑이불을 벗어 던진 채, 벌거벗고 도망쳤다.

<u>The chief priests and the whole Sanhedrin</u> were looking for evidence against Jesus so that they could put him to death, but they did not find any.

대제사장들과 모든 유대 의회원들이 예수를 죽이려고 고소할 증거를

364) 12사도들인가, 아니면 다른 제자들인가?
365) 마가복음의 저자인 마가로 추정되고 있다.

찾으려 했다. 그러나 아무런 증거도 찾을 수 없었다.

Many testified falsely against him, but their statements did not agree.

많은 사람들이 예수에 대해 거짓 증거를 댔다. 그러나 그들의 말은 서로 맞지가 않았다.

Then some stood up and gave this false testimony against him:

어떤 사람들이 일어나서 예수에 대해 거짓 증언을 했다.

"We heard him say, 'I will destroy this man-made temple and in three days will build another, not made by man.' Yet even then their testimony did not agree. "

"우리는 이 사람이 '내가 손으로 지은 성전을 헐고, 삼일 만에 손으로 짓지 않은 다른 성전을 세우겠다.'고 하는 것을 들었습니다." 그러나 그들의 증언은 서로 맞지 않았다.

Then the high priest stood up before them and asked Jesus, "Are you not going to answer? What is this testimony that these men are bringing against you?"

[366]대제사장 : "아무 대답도 하지 않을 것이오? 이 사람들이 당신에게 불리한 증거를 대고 있지 않소?"

But Jesus remained silent and gave no answer.

그러나 예수께서는 묵묵히 아무런 말씀도 하지 않으셨다.

Again the high priest asked him, "Are you the Christ, the Son of the Blessed One?"

대제사장 : "당신이 찬양받으실 분의 아들 그리스도요?"

"I am," said Jesus. "And you will see the Son of Man sitting at the right hand of the Mighty One and coming on the clouds of heaven."

예수 : "그렇다. 인자가 전능하신 분의 오른쪽에 앉아 있는 것과, 하늘에서 구름을 타고 오는 것을 볼 것이다."

The high priest tore his clothes. "Why do we need any more witnesses?" he asked. "You have heard the blasphemy. What do you think?" They all condemned him as worthy of death.

---

366) 막 14:53-65, 심문.

대제사장이 자기 옷을 찢으며 말했다.
대제사장 : "무슨 증인이 더 필요하겠는가? 너희는 하나님을 모독하는 소리를 들었다. 너희는 어떻게 생각하느냐?"
그러자 모두가 예수를 사형시켜야 한다고 했다.

Early in the morning, all the chief priests and the elders of the people came to the decision to put Jesus to death.

다음 날 아침이 되자, 모든 대제사장과 백성의 장로들이 예수를 죽이려고 논의를 했다.

They bound him, led him away and handed him over to <u>Pilate, the governor</u>.

그들은 예수를 묶어, 총독인 빌라도에게 데려가, 그에게 넘겨주었다.

▸▸ They <u>bound</u> him, 결박했다
<u>led</u> him <u>away</u> 끌고 가
and <u>handed</u> him <u>over</u> 넘겨주었다
to Pilate, the governor.

Then the whole assembly rose and led him off to Pilate.

빌라도에게 예수를 끌고 갔다.

And they began to accuse him, saying, "We have found this man subverting our nation.

그들 : 우리는 이 남자가 우리 민족을 전복하는 것을 발견했습니다.

He opposes payment of taxes to Caesar and claims to be Christ, a king."

그는 가이사에게 세금 바치는 것을 거부합니다. 그리스도, 왕이라고 주장합니다.

Then Pilate announced to the chief priests and the crowd, "I find no basis for a charge against this man."

빌라도 : 나는 이 남자에 대한 죄목을 발견하지 못했다.

But they insisted, "He stirs up the people all over Judea by his teaching. He started in Galilee and has come all the way here."

그들 : 그는 유대의 모든 지방 사람들을 선동합니다. 그의 가르침에 의해 그는 갈릴리에서 시작하여 여기까지 왔습니다.

On hearing this, Pilate asked if the man was a Galilean.

이 말을 듣자마자 빌라도는 그 남자가 갈릴리 사람인지를 물었다.

When he learned that Jesus was under <u>Herod's jurisdiction,</u> he sent him to Herod, who was also in Jerusalem at that time.

예수가 헤롯의 재판권 아래 있는 것을 알고서 그는 예수를 헤롯에게 보냈다. 그 당시 예루살렘에 와 있던

When Herod saw Jesus, he was greatly pleased, because for a long time he had been wanting to see him.

헤롯이 예수를 보자 그는 아주 기뻤다. 오랫동안 그는 예수를 보기를 원했기 때문이다.

From what he had heard about him, he hoped to see him perform some miracle.

그는 예수가 기적을 행하는 것을 보기를 희망했다.

He plied him with many questions, but Jesus gave him no answer.

예수에게 여러 질문을 했으나 예수는 대답하지 않았다.

The chief priests and the teachers of the law were standing there, vehemently accusing him.

대제사장과 율법학자들이 거기에 서 있었다. 아주 격렬하게 예수를 비난하면서

▸▸ vehemently 격렬하게

Then Herod and his soldiers ridiculed and mocked him. Dressing him in an elegant robe, they sent him back to Pilate.

헤롯과 병사들은 조롱했다. 우아한 옷을 입히고 빌라도에게 되돌려 보냈다.

▸▸ Dressing him = After they dressed him 분사 구문

That day Herod and Pilate became friends, before this they had been enemies.

그날 헤롯과 빌라도는 친구가 되었다. 이 일이 있기 전에는 그들은 적이었다.

"Do you want me to release to you the king of the Jews?" asked Pilate, knowing it was out of envy that the chief priests had handed Jesus over to him.

빌라도 : "유대인의 왕을 놓아 주기를 바라느냐?"
빌라도는 대제사장들이 예수를 시기해서 자기에게 넘긴 것을 알았던

것이다.

But the chief priests stirred up the crowd to have Pilate release Barabbas instead.

대제사장들은 사람들을 선동하여 예수 대신 바라바를 풀어 달라고 요청하게 했다.

From then on, Pilate tried to set Jesus free, but the Jews kept shouting, "If you let this man go, you are no friend of Caesar. Anyone who claims to be a king opposes Caesar."

빌라도는 예수를 놓아 주려고 했으나
유대인들 : 당신이 이 남자를 놓아 준다면 당신은 로마 황제의 친구가 아니다. 왕이라고 주장하는 누구나 가이사에게 반대하는 것이다.

But they shouted, "Take him away! Take him away! Crucify him!"

그들 : 그를 죽여라, 십자가형에 처하라.

"Shall I crucify your king?" Pilate asked.

빌라도 : "내가 너의 왕을 십자가형에 처할까?"

[367]**"We have no king but Caesar," the chief priests answered.**

대제사장들 : "우리는 가이사 외에 다른 왕은 없다."

[368]**Finally Pilate handed him over to them to be crucified. So the soldiers took charge of Jesus.**

마침내 빌라도는 그들에게 예수를 십자가형에 처하라고 넘겨주었다. 그래서 군인들이 예수를 데리고 갔다.

A certain man from Cyrene, Simon, the father of Alexander and Rufus, was passing by on his way in from the country, and they forced him to carry the cross.

그때, 시골에서 온 구레네 출신의 시몬이 지나가고 있었다. 이 사람은 알렉산더와 루포의 아버지이다. 군인들은 시몬에게 예수의 십자가를 지게 했다.

They brought Jesus to the place called Golgotha (which means The Place of the Skull).

367) 유대인들에게 왕은 하나님임에도 불구하고, 유대인들은 예수를 죽일 때만 하나님을 배반하는 발언을 했다.

368) 마 27:24에서 빌라도는 자신의 손을 씻음으로 그 책임을 유대인에게 돌리고 있다. He took water and washed his hands in front of the crowd. "I am innocent of this man's blood," he said. "It is your responsibility!" All the people answered, "Let his blood be on us and on our children!"

[369]군인들은 예수를 '해골 지역'이라는 뜻을 가진 골고다로 끌고 갔다.

Those who passed by hurled insults at him, shaking their heads and saying, "You who are going to destroy the temple and build it in three days, save yourself! Come down from the cross, if you are the Son of God!"

[370]지나가던 사람들이 고개를 저으면서 예수님께 욕을 했다.
지나가던 사람들 : "성전을 헐고 삼일 만에 다시 세운다는 사람아! 네 자신이나 구원해라. 만일 하나님의 아들이라면, 십자가에서 내려와 보아라!"

In the same way the chief priests, the teachers of the law and the elders mocked him. "He saved others," they said, "but he can't save himself! He's the King of Israel! Let him come down now from the cross, and we will believe in him.

대제사장들, 율법학자들과 장로들 : "이 사람이 다른 사람들은 구하면서, 자기 자신은 구하지 못하는구나! 그는 이스라엘의 왕이니, 지금 십자가에서 내려오라지. 그러면 우리가 그를 믿겠다.

He trusts in God. Let God rescue him now if he wants him, for

369) 골고다 언덕
370) 모욕

he said, 'I am the Son of God.' "

그가 하나님을 믿는다는데, 하나님께서 원하신다면 그를 당장 구원해 주시라고 그래라. 자신이 '나는 하나님의 아들이라'고 했으니까 말이다."

When Jesus saw his mother there, and the disciple whom he loved standing nearby, he said to his mother, "<u>Dear woman, here is your son,</u>"

[371]어머니를 보고, 근처에 서 있던 그가 사랑하는 제자를 보고, 어머니에게
예수 : "여인이여, 여기에 당신의 아들이 있습니다."

and to the disciple, [372]"Here is your mother." From that time on, this disciple took her into his home.

예수 : "너의 어머니가 있다."
이 제자는 그녀를 자신의 집으로 모시고 갔다.

[373]Later, knowing that all was now completed, and so that the Scripture would be fulfilled, Jesus said, "<u>I am thirsty</u>."

---

371) 요 19:26, 마리아를 부탁하는 예수.

372) 사도 요한에게 어머니 마리아를 맡김. 사망 직전까지 어머니를 제자에게 부탁.

373) 요 19:28, 자신을 못 박는 군병들을 위해 기도하셨다. Father, forgive them, for they do not know what they are doing. 눅 23:34, 옆에 있던 한 강도에게 "오늘 너와 함께 낙원에 이르리라" 는 말씀도 하셨다. Today, you will be with me in paradise. 눅 23:43.

예수 : 나는 목마르다.

When he had received the drink, Jesus said, [374]"It is finished." With that, he bowed his head and gave up his spirit.

예수 : 다 이루었다. 고개를 숙여 영혼이 돌아가다.

At the sixth hour darkness came over the whole land until the ninth hour. And at the ninth hour Jesus cried out in a loud voice, "Eloi, Eloi, lama sabachthani?", which means, "My God, my God, why have you forsaken me?"

[375]정오가 되자, 온 땅에 어둠이 덮이더니 오후 3시까지 계속되었다. 오후 3시에, 예수께서 큰 소리로 외치셨다.
예수 : "엘리 엘리 라마 사박다니." "나의 하나님, 나의 하나님, 어찌하여 나를 버리셨나이까?"

When some of those standing near heard this, they said, "Listen, he's calling Elijah."

서 있던 사람들 : "보시오! 저 사람이 엘리야를 부르고 있습니다."

---

374) 요 19:30, 사망. 다 이루었다, 하나님의 계시 활동을 다 성취했다.
375) 막 15:34, 마가복음에서 소개하고 있는 예수의 최후!

One man ran, filled a sponge with wine vinegar, put it on a stick, and offered it to Jesus to drink. "Now leave him alone. Let's see if Elijah comes to take him down," he said.

어떤 사람이 달려가서 신 포도주를 해면에 묻혀, 막대기에 매달았다. 그리고 예수께 마시게 하며 말했다. "과연 엘리야가 와서 십자가에서 내려 주는지 봅시다."

<u>With a loud cry</u>, Jesus breathed his last.

그러자 예수께서 큰 소리를 지르시고, 마지막 숨을 거두셨다.

Jesus called out with a loud voice, <u>"Father, into your hands I commit my spirit</u>."

예수 : 아버지여, 당신의 손에 나의 영혼을 맡깁니다.

When he had said this, he breathed his last.

[376]이 말을 한 후 그는 숨이 멈췄다.

At that moment the curtain of the temple was torn in two from top to bottom.

그때, 성전 휘장이 위에서부터 아래까지 두 조각으로 갈라졌다.

The earth shook and the rocks split. The tombs broke open and the bodies of many holy people who had died were raised to life.

땅이 흔들리고, 바위들이 쪼개졌으며, 무덤이 열리고, 죽었던 많은 성도들의 몸이 다시 살아났다.

They came out of the tombs, and after Jesus' resurrection they went into the holy city and appeared to many people.

---

376) * 십자가 상의 칠언

1. 아버지여 저희를 사해 주옵소서. 자기가 하는 일을 알지 못합니다. 눅 23:34.
"Father, forgive them, for they do not know what they are doing."
2. 내가 진실로 네게 이르노니 오늘 네가 나와 함께 낙원에 있으리라. 눅 23:43.
"Truly I tell you, today you will be with me in paradise."
3. 여자여, 보소서, 아들입니다. 보라 네 어머니다. 요 19:26-27.
"Woman, here is your son," "Here is your mother."
4. 엘리 엘리 라마 사박다니. 막 15:34, 마 27:46.
"Eloi, Eloi, lama sabachthani?" ("My God, my God, why have you forsaken me?").
5. 내가 목마르다. 요 19:28.
"I am thirsty."
6. 다 이루었다. 요 19:30.
"It is finished."
7. 아버지여, 내 영혼을 아버지 손에 부탁하나이다. 눅 23:46.
"Father, into your hands I commit my spirit."

예수께서 부활하신 후, 그들은 무덤에서 나와 거룩한 성으로 들어가서, 많은 사람들에게 나타나 보였다.

It was Preparation Day (that is, the day before the Sabbath).

[377)]이 날은 준비하는 날, 곧 안식일 바로 전날이었다.

So as evening approached, <u>Joseph of Arimathea,</u> a prominent member of the Council, who was himself waiting for the kingdom of God, went boldly to Pilate and asked for Jesus' body.

아리마대 출신의 요셉이 와서 빌라도에게 예수의 시신을 달라고 했다. 이 사람은 존경받는 유대 의회원이었고, 하나님 나라를 기다리는 사람이었다.

Pilate was surprised to hear that he was already dead. Summoning the centurion, he asked him if Jesus had already died.

빌라도는 예수께서 이미 죽었는지 궁금했다. 그래서 백부장을 불러 예수께서 이미 죽었는지 물었다.

---

377) 막 15:42-47, 장례. 다른 견해에 대해서는 『예수의 역사적 초상』 pp. 272-274 참조.

When he learned from the centurion that it was so, he gave the body to Joseph.

백부장으로부터 확답을 들은 후, 빌라도는 그 시신을 요셉에게 내어주었다.

So Joseph bought some linen cloth, took down the body, wrapped it in the linen, and placed it in a tomb cut out of rock.

요셉은 긴 베를 사가지고 와서, 예수를 십자가에서 내려서 쌌다. 그리고 바위를 깎아서 만든 무덤에 시신을 모셨다.

He was accompanied by Nicodemus, the man who earlier had visited Jesus at night. Nicodemus brought a mixture of <u>myrrh and aloes</u>, about seventy-five pounds.

[378]니고데모가 따랐다. 몰약과 침향을 가지고 왔다.

Taking Jesus' body, the two of them wrapped it, with the spices, in strips of linen. This was in accordance with [379]<u>Jewish burial customs</u>.

---

378) 요 19:39-40, 니고데모.
379) 이집트의 장례의식은 미라(mummy)!

예수의 시체를 가지고 가서 두 사람은 세마포로 쌌다. 유대인의 매장 관습에 따른 것이다.

Then he rolled a stone against the entrance of the tomb.

그런 다음, 무덤 입구를 커다란 돌을 굴려서 막았다.

<u>Mary Magdalene and Mary the mother of Joses</u> saw where he was laid.

막달라 마리아와 요셉의 어머니 마리아가 예수를 모신 곳을 보았다.

When the Sabbath was over, Mary Magdalene, Mary the mother of James, and Salome bought <u>spices</u> so that they might go to anoint Jesus' body.

[380]안식일이 지나고, 막달라 마리아와 야고보의 어머니 마리아와 살로메가 예수께 바르려고 향료를 샀다.

Very early on the first day of the week, just after sunrise, they were on their way to the tomb and they asked each other, "<u>Who will roll the stone away from the entrance of the tomb?</u>"

380) 막 16:1-8, 부활.

일주일이 시작되는 첫째 날 매우 이른 시간, 해가 뜰 무렵에 무덤으로 갔다.
여인들 : "입구에 있는 커다란 돌을 누가 굴려 주겠는가?"

[381]**but Mary stood outside the tomb crying. As she wept, she bent over to look into the tomb**

마리아는 무덤 밖에서 울면서 서 있었다. 그녀가 울 때 그녀는 허리를 숙여 묘소 안을 들여다보았다.

and saw two angels in white, seated where Jesus' body had been, one at the head and the other at the foot.

백의의 두 천사를 보았다. 예수의 시체가 있었던 곳에 앉아 있는, 머리에 한 천사, 발에 다른 천사.

They asked her, "Woman, why are you crying?"

두 천사 : 여인이여, 왜 당신은 웁니까?

"They have taken my Lord away," she said, "and I don't know where they have put him."

381) 요 20:11-18, 막달라 마리아. 부활하신 예수 그리스도의 최초 목격자.

막달라 마리아 : 그들이 나의 주님을 치웠습니다. 그리고 그들이 주님을 어디에 놓았는지 나는 모릅니다.

At this, she turned around and saw Jesus standing there, but she did not realize that it was Jesus.

그녀는 주위를 둘러보고 예수가 거기에 서 있는 것을 보았다. 그러나 예수인지 알지 못했다.

"Woman," he said, "why are you crying? Who is it you are looking for?"

예수 : 여인이여, 왜 우느냐? 당신이 찾고 있는 자가 누구이냐?

Thinking he was <u>the gardener</u>, she said, "Sir, if you have carried him away, tell me where you have put him, and I will get him."

그가 동산지기라고 생각하고 그녀는,
막달라 마리아 : "당신이 주님을 치웠다면, 어디에다 놓았는지 알려주십시오, 제가 그를 데리고 갈 것입니다."

Jesus said to her, "Mary." She turned toward him and cried out in Aramaic, "Rabboni!" (which means Teacher).

예수 : 마리아.
그녀는 예수를 돌아보며 아람어로 "라뽀니!"라고 소리쳤다.

Jesus said, [382]"Do not hold on to me, for I have not yet returned to the Father.

예수 : 나에게 매달리지 마라, 나는 아직 아버지에게 돌아가지 않았기 때문에.

Go instead to my brothers and tell them, 'I am returning to my Father and your Father, to my God and your God.'"

대신에 나의 형제에게 가서 그들에게 말하라. 나는 나의 아버지에게로 돌아갈 것이다.

Mary Magdalene went to the disciples with the news: "I have seen the Lord!" And she told them that he had said these things to her.

막달라 마리아가 제자들에게 그 소식을 가지고 갔다.
마리아 : 내가 주님을 보았습니다.
그리고 그녀는 그가 이런 일들을 그녀에게 말했다고 했다.

---

382) 나에게 집착하지 말라. 도마에게는 육체적으로 만지라고 했다.

On the evening of that first day of the week, when the disciples were together, with the doors locked for fear of the Jews, Jesus came and stood among them and said, "Peace be with you!"

[383]유대인들을 두려워해 문을 잠근 채, 제자들이 모여 있을 때, 예수는 와서 그들 사이에 서서 말했다.
예수 : 너희에게 평강을!

After he said this, he showed them his hands and side. The disciples were overjoyed when they saw the Lord.

손과 옆구리를 보였다. 제자들은 그들이 주님을 보았을 때 기뻤다.

Again Jesus said, "Peace be with you! As the Father has sent me, I am sending you."

예수 : 너희에게 평안을! 아버지가 나를 보냈듯이 나는 너희들을 보낸다.

And with that he breathed on them and said, "Receive the Holy Spirit.

그들에게 숨을 불어,
예수 : 성령을 받으라.

---

383) 요 20:19-23, 제자들에게 나타남.

If you forgive anyone his sins, they are forgiven; if you do not forgive them, they are not forgiven."

예수 : 너희가 어느 누구의 죄를 용서하면 그들은 용서받을 것이다. 너희가 용서하지 않으면 용서받지 못할 것이다.

Then he said to Thomas, "Put your finger here; see my hands. Reach out your hand and put it into my side. Stop doubting and believe."

[384]예수 : "너의 손을 여기에 넣고 나의 손을 보아라, 나의 옆구리에 넣어라, 의심을 멈추고 믿어라.

Thomas said to him, "My Lord and my God!"

도마 : "나의 주님, 나의 하나님!"

Then Jesus told him, "Because you have seen me, you have believed; [385]blessed are those who have not seen and yet have believed."

보지 않고도 믿는 자는 복을 받으리라.

384) 요 20:24-29, 의심 많은 도마.

385) 요한복음 전체의 주제!

[386]**Afterward Jesus appeared again to his disciples, by the Sea of Tiberias. It happened this way:**

후에 예수는 그의 제자들에게 다시 나타났다.

[387]**Simon Peter, Thomas (called Didymus), Nathanael from Cana in Galilee, the sons of Zebedee, and two other disciples were together.**

베드로, 도마 등 제자들이 같이 있었다.

"I'm going out to fish," Simon Peter told them, and they said, "We'll go with you." So they went out and got into the boat, but that night they caught nothing.

베드로 : 나는 고기 잡으러 나간다.
제자들 : 우리도 너와 함께 갈 것이다.
아무것도 잡지 못했다.

Early in the morning, Jesus stood on the shore, but the disciples did not realize that it was Jesus.

---

386) 요 21:1, 요한복음 내용은 사실상 20장에서 결론을 맺었다. 본 장은 후기 형태인 21장이다.

387) 이곳에 있는 제자들은 모두 7명이었다. 시몬 베드로, 도마, 나다나엘, 세베대의 아들들(요한과 야고보), 다른 제자 둘(정확히 알 수 없지만 빌립과 안드레로 추측한다).

아침 일찍, 예수는 해변에 섰다. 그러나 제자들은 예수인지 알지 못했다.

He called out to them, "Friends, haven't you any fish?" "No,"they answered.

예수 : 친구들이여, 물고기 좀 잡았느냐?
제자들 : 아니요.

He said, "Throw your net on the right side of the boat and you will find some." When they did, they were unable to haul the net in because of the large number of fish.

예수 : 너의 그물을 배 오른쪽으로 던져라.
많은 물고기 때문에 그물을 들어 올릴 수조차도 없었다.

Then the disciple whom Jesus loved said to Peter, "It is the Lord!" As soon as Simon Peter heard him say, "It is the Lord," he wrapped his outer garment around him (for he had taken it off) and jumped into the water.

사도 요한 : 주님이다.
베드로가 듣자마자 그는 그의 외투를 싸맨 후 물로 뛰어들었다.

The other disciples followed in the boat, towing the net full of fish, for they were not far from shore, about a hundred yards.

다른 제자들도 배 안에서 따라했다, 가득 찬 물고기 그물을 건지면서, 해변에서 멀리 떨어져 있지 않았기 때문에.

When they landed, they saw a fire of burning coals there with fish on it, and some bread.

상륙하자 그들은 불타는 석탄의 불을 보았고, 그 위에 물고기가 올려져 있는 약간의 빵과

Jesus said to them, "Bring some of the fish you have just caught."

예수 : 너희들이 방금 잡은 약간의 물고기를 가지고 와라.

Simon Peter climbed aboard and dragged the net ashore. [388]It was full of large fish, <u>153,</u> but even with so many the net was not torn.

153마리 물고기, 그렇게 물고기가 많았지만 그물은 찢어지지 않았다.

Jesus said to them, "Come and have breakfast." None of the disciples dared ask him, "Who are you?" They knew it was the Lord.

388) 요 21:11, 153마리의 고기를 잡았다. 고기에 해당하는 헬라어는 '하나님의 아들 구주 예수 그리스도' 의 머리글자를 따놓은 것과 일치해, 초대교회에서는 물고기를 기독교인을 상징하는 부호로 사용했다.

예수 : 와서 아침을 먹자.
당신이 누구냐고 감히 물어보는 제자가 없었다. 그들은 주님이라는 것을 알았다.

Jesus came, took the bread and gave it to them, and did the same with the fish.

예수가 와서 빵을 가지고 그들에게 주었다. 물고기도 같이 했다.

[389]This was now the third time Jesus appeared to his disciples after he was raised from the dead.

3번째 제자들에게 나타났다.

When they had finished eating, Jesus said to Simon Peter, "Simon son of John, do you truly love me more than these?" "Yes, Lord," he said, "you know that I love you." [390]Jesus said, "Feed my lambs."

식사를 마친 후 예수는 베드로에게,
예수 : "너는 진실로 나를 사랑하느냐? 나의 어린 양들을 먹여라."

---

389) 세 번째로 제자들에게 나타나신 것이다. 부활 후 예수님은 막달라 마리아에게(요 20:16), 두 번째로 도마 외의 제자들이 모였을 때(요 20:19-23), 세 번째로 도마를 포함해 다른 제자들이 모였을 때(요 20:26-29), 그리고 네 번째 나타나셨다. 그러나 제자들에게만은 세 번째가 된다.

390) 요 21:15, 베드로에게 권한 이양.

Again Jesus said, "Simon son of John, do you truly love me?" He answered, "Yes, Lord, you know that I love you." Jesus said, [391]"Take care of my sheep."

나의 양을 돌봐라.

The third time he said to him, "Simon son of John, do you love me?" Peter was hurt because Jesus asked him the third time, "Do you love me?" He said, "Lord, you know all things; you know that I love you." Jesus said, "Feed my sheep.

나의 양을 먹이라.

Jesus did many other miraculous signs in the presence of his disciples, which are not recorded in this book. "

[392]예수는 제자들이 있는 곳에서 많은 기적, 이 책에 다 기록할 수 없을 정도로.

But these are written that you may believe that Jesus is the Christ, the Son of God, and that by believing you may have life in his name.

---

391) 베드로의 양이 아니라 주님의 양이다. 베드로는 일시적으로 주님의 양을 돌보는 임무를 부여받고 있는 것이다.

392) 요 21:24-25 기록 목적

이 책은 너희가 믿을 수 있도록 쓰였다. 예수가 그리스도, 하나님의 아들이고, 믿음으로써 당신이 예수 이름 안의 생명을 가질 수 있도록.

Q7.

맺는말

Q7. 맺는말

[393]**Come to me, all you who are weary and burdened, and I will give you rest.** (마 11:28)

▸▸ Come to me, 나에게 오라(명령문)

all you who are weary and burdened, 피곤하고 힘든 모든 너희들아

and I will give you rest. 그러면, 나는 너에게 휴식을 줄 것이다. (4형식)

[394]**For I was hungry and you gave me something to eat, I was thirsty and you gave me something to drink, I was a stranger and you invited me in, I needed clothes and you clothed me, I was sick and you looked after me, I was in prison and you came to visit me.'**

내가 배가 고플 때, 너희는 내게 먹을 것을 주었다. 내가 목마를 때, 너희는 마실 것을 주었다. 내가 나그네로 있을 때, 너희는 나를 초대해 주

---

393) 마 11:28, 내가 힘들 때 예수는 나에게 힘이 된다.

394) 마 25:31-46, 예수로 인해 힘을 얻었으면, 이제 내 주위의 이웃을 돌보는 '사랑의 실천'을 하라.

었다. 내가 헐벗었을 때, 너희는 내게 옷을 입혀 주었다. 내가 아플 때, 너희는 나를 돌보아 주었다. 내가 감옥에 있을 때, 너희는 나를 찾아 주었다.'

I tell you the truth, whatever you did for one of the least of these brothers of mine, you did for me.

내가 너희에게 진정으로 말한다. 보잘것없는 사람에게 한 일, 곧 너희가 이 형제들 중 가장 보잘것없는 사람에게 한 일이 곧 나에게 한 것이다.

[395]**Jesus answered, "I am the way and the truth and the life. No one comes to the Father except through me.**

예수 : 나는 길이요 진리이고 생명이다. 나를 통하지 않고서는 어느 누구도 아버지에게로 올 수 없다.

[396]**My Father will give you whatever you ask in my name.**

나의 아버지가 나의 이름으로 너희가 요청하는 무엇이든 줄 것이다.

[397]**On that day you will realize that I am in my Father, and you are in me, and I am in you.**

---

395) 요 14:6, 나는 길, 진리, 생명.
396) 요 16:23, 나의 이름으로 기도하라.
397) 요 14:20, 성부, 성자, 성도의 예수 안에서의 연합을 강조.

그날에 너희는 내가 나의 아버지 안에 있고 너희는 내 안에 있고 나는 너희 안에 있다는 것을 깨닫게 될 것이다.

[398]**Once, having been asked by the Pharisees when the kingdom of God would come, Jesus replied, "The kingdom of God does not come with your careful observation, nor will people say, 'Here it is,' or 'There it is,' because the kingdom of God is within you."**

바리새인들에 의해 요청받았을 때, 천국은 언제 임하느냐고?
예수 : 천국은 오지 않는다. 너희가 주의 깊게 관찰할 때 여기 있다, 저기 있다고도 못 한다. 천국은 네 안에 있기 때문이다.

▸▸ observation 관찰

[399]**One of them, an expert in the law, tested him with this question: "Teacher, which is the greatest commandment in the Law?"**

율법학자 : "선생님, 율법에서 어느 것이 가장 중요합니까?"

Jesus replied: 'Love the Lord your God with all your heart and

398) 눅 17:21, 천국은 네 마음속에 있다.
399) 마 22:36-40, 하나님 사랑, 이웃 사랑.

with all your soul and with all your mind.' This is the first and greatest commandment.

예수 : '네 모든 마음과 모든 목숨과 모든 정성을 다해서, 네 하나님을 사랑해라.' 이것이 가장 중요하고 우선되는 계명이다.

And the second is like it: 'Love your neighbor as yourself.' All the Law and the Prophets hang on these two commandments.

두 번째 계명은 '네 이웃을 네 자신처럼 사랑해라.'인데, 이것도 첫째 계명과 똑같이 중요하다. 모든 율법과 예언자들의 말씀이 이 두 계명에서 나온 것이다.

[400]**Woe to you, teachers of the law and Pharisees, you hypocrites! You give a tenth of your spices, mint, dill and cummin. But you have neglected the more important matters of the law, justice, mercy and faithfulness. You should have practiced the latter, without neglecting the former. You blind guides! You strain out a gnat but swallow a camel.**

율법학자와 바리새파 위선자들이여, 너희에게 화가 있다! 너희는 박하와 회향과 뿌리채소의 십일조까지 드리면서, 정의, 자비, 믿음과 같은 율법의 더 중요한 부분은 무시한다. 십일조도 중요하지만, 더 중요한 일을

400) 마 23:23-33, 율법의 더 중요한 요소.

무시해서는 안 된다.

요 15:12 My command is this: Love each other as I have loved [401]you.

나의 명령은 이렇다. 서로 사랑하라, 내가 너희를 사랑하듯이.

요 15:13 Greater love has no one than this, that he lay down his life for his friends.

그의 생명을 친구를 위해 내어놓는 것보다 더 위대한 사랑은 없다.

요 15:14 You are my friends if you do what I command.

너희가 내가 명령한 것을 행한다면 너희는 나의 친구들이다.

요 15:15 I no longer call you servants, because a servant does not know his master's business. Instead, I have called you friends, for everything that I learned from my Father I have made known to you.

나는 더 이상 너희를 하인이라고 부르지 않겠다, 하인은 주인의 일을 알지 못하기 때문에. 대신에 나는 너희를 친구라고 부르겠다, 내가 아버지

---

401) 요 15:12-15, 새로운 계명 : 서로 사랑하라.

로부터 배운 모든 것을 나는 너희에게 알게 만들었기 때문에.

[402]**Not everyone who says to me, 'Lord, Lord,' will enter the kingdom of heaven, but only he who does the will of my Father who is in heaven.**
Many will say to me on that day, 'Lord, Lord, did we not prophesy in your name, and in your name drive out demons and perform many miracles?' Then I will tell them plainly, 'I never knew you. Away from me, you evildoers!'

나에게 '주님, 주님'이라고 말하는 사람 모두가 하늘나라에 들어가는 것은 아니다. 하늘에 계신 내 아버지의 뜻대로 행하는 사람만이 하늘나라에 들어갈 것이다. 그날에 많은 사람이 나에게 이렇게 말할 것이다. '주님, 주님, 우리가 주님의 이름으로 예언하고, 주님의 이름으로 귀신을 내쫓고, 주님의 이름으로 많은 기적을 베풀지 않았습니까?' 그때, 내가 분명하게 그들에게 말할 것이다. '나는 너희를 모른다. 악한 일을 행하는 자들아, 내게서 썩 물러나라.'

[403]**Blessed are the poor in spirit, for theirs is the kingdom of heaven.**
Blessed are those who mourn, for they will be comforted.
Blessed are the meek, for they will inherit the earth.

402) 마 7:21-23, 하늘에 계신 아버지의 뜻을 행하는 사람이라야 하늘나라에 들어간다.
403) 마 5:3-12, 8복 : 천국을 차지할 자들.

Blessed are those who hunger and thirst for righteousness, for they will be filled.

"마음이 가난한 사람은 복이 있다. 하늘나라가 그들의 것이다. 슬퍼하는 사람은 복이 있다. 그들이 위로를 받을 것이다. 마음이 온유한 사람은 복이 있다. 그들이 땅을 상속받을 것이다. 의를 위해 주리고 목마른 사람은 복이 있다. 그들이 배부를 것이다.

Blessed are the merciful, for they will be shown mercy.
Blessed are the pure in heart, for they will see God.
Blessed are the peacemakers, for they will be called sons of God.
Blessed are those who are persecuted because of righteousness, for theirs is the kingdom of heaven.

자비로운 사람은 복이 있다. 그들이 하나님의 자비를 입을 것이다. 마음을 깨끗이 한 사람은 복이 있다. 그들이 하나님을 볼 것이다. 평화를 위해 일하는 사람은 복이 있다. 그들이 하나님의 아들이라고 불릴 것이다. 의롭게 살려고 하다가 박해를 받는 사람은 복이 있다. 하늘나라가 그들의 것이다.

[404]**Now a man came up to Jesus and asked, "Teacher, what good thing must I do to get eternal life?" "Why do you ask me about what is good?" Jesus replied. "There is only One who is good. If**

---

404) 마 19:16-21, 영생을 얻는 완전한 방법.

you want to enter life, obey the commandments.”

어떤 사람 : “선생님, 영원한 생명을 얻으려면 어떤 선한 일을 해야 합니까?”
예수 : “왜 선한 것에 대해 내게 묻느냐? 선하신 분은 오직 한 분뿐이다. 영원한 생명을 얻고 싶다면, 계명을 지켜라.”

“Which ones?” the man inquired. Jesus replied, “ ‘Do not murder, do not commit adultery, do not steal, do not give false testimony, honor your father and mother,’ and ‘love your neighbor as yourself.’ ”

그 사람 : “어떤 계명을 지켜야 합니까?”
예수 : “살인하지 마라. 간음하지 마라. 도둑질하지 마라. 거짓 증언하지 마라. 네 부모를 공경해라. 네 이웃을 네 자신처럼 사랑해라.”

“All these I have kept,” the young man said. “What do I still lack?” Jesus answered, “If you want to be perfect, go, <u>sell your possessions and give to the poor</u>, and you will have treasure in heaven. Then come, follow me.”

그 청년 : “이 모든 것을 지금까지 다 지켜왔습니다. 그 밖에 제게 부족한 것이 무엇입니까?”
예수 : “만일 네가 완전해지길 원한다면, <u>가서 네가 가진 것을 다 팔아 가난한 사람에게 나누어 주어라</u>. 그러면 하늘에서 보물을 얻게 될 것이다. 그런 후에 와서 나를 따르라!”